UNA VIDA AMADA Y ABUNDANTE

Titulo original:

UNA VIDA AMADA Y ABUNDANTE

Una guía para hacer de la felicidad tu estilo de vida y expandir tus capacidades humanas y divinas.
Estás aquí para brillar y disfrutar.

Autora:

©CAROLINA DUQUE

Corrección y maquetación:
Luis Solís
(criticosliterarios@outlook.es)

Diseño de portada:
Victoria Regner
(victoria.regner@gmail.com)

Fotografía:
Raúl Palacios
(info@photo-on.es)

ISBN: 9798707984327
Sello: Independently published

Primera edición: marzo, 2021
Valencia, España

No se permite la reproducción total o parcial de esta obra, ni su incorporación a un sistema informático, ni su transmisión en cualquier forma o por cualquier medio, sea este electrónico, mecánico o por fotocopia, por grabación u otros métodos, sin el permiso previo y por escrito de los autores. La infracción de los derechos mencionados puede ser constitutiva de delito contra la propiedad intelectual (Art. 270 y siguientes del Código Penal).

CAROLINA DUQUE

UNA VIDA AMADA Y ABUNDANTE

Una guía para hacer de la felicidad tu estilo de vida
y expandir tus capacidades humanas y divinas.
Estás aquí para brillar y disfrutar.

Agradecimientos

A mi familia, mi inspiración y el pilar fundamental de mi vida. Muy especialmente a Lita, a mamá, a papá y a mis hermanos Juan y Karla.

A Chris, mi serendipia, mi espejo, mi maestro y mi gran amor. Porque nuestro amor se extiende más allá del tiempo y del espacio.

A las personas que me permitieron contar su historia.

A Lucía Lourido, por su paciencia, su apoyo y luz.

A Ariel Grunwald, por su energía y cariño.

A Ana García y Lidia Peinado, por su constante apoyo.

A todos los que creen, que confían y fluyen.

Gracias

ÍNDICE

Agradecimientos 5
Prólogo 9
Introducción 13
Somos energía 21

Capítulo 1: La felicidad como estilo de vida 27
    Ejercicio para sanar a tu niño interior 50
Capítulo 2: La magia del cambio 53
    Ejercicio para vivir la magia del cambio 69
Capítulo 3: Salta y aparecerá la red 73
    Consejos para el día a día 84
    Ejercicio: Conócete a ti mismo 95
Capítulo 4: Despierta tu naturaleza divina 97
    Ejercicio: Crea tu ritual matutino 120
Capítulo 5: Manifiesta tu mejor versión 127
    Ejercicios prácticos para conectar con tu mejor versión .. 129
    Ejercicio: Libérate de ataduras 144
Capítulo 6: Los mensajes del Universo están por todas partes 147
    Meditando con el Om 156
    Mi declaración de fe 157
    Ejercicio: Mi declaración de fe en el Universo 158
    ¿Cómo empezar a sanar? 161

Ejercicio: ¿Qué es lo que te hace feliz? 164
El ho'oponopono 166
Capítulo 7: Aprecia y agradece 171
Ejercicio: Ten un diario de agradecimiento 175
Ejercicio: Háblate mejor 183
Capítulo 8: Actúa con una vibración alineada 189
Ejercicio: Conecta con tu yo del pasado 201
Diccionario de sentimientos y afirmaciones empoderadoras 208
Capítulo 9: Sincronicidades 219
Ejercicio: Ritual del perdón 224
Capítulo 10: Paz como prioridad 245
Ejercicio: Medita 250
Ejercicio: Escribiendo las lecciones 265
Capítulo 11: Eres un imán de milagros 269
Ejercicio: Ser proactivo por lo que deseas 280
Ejercicio: Vive con intención 292
Mandamientos personales 295

Carolina Duque 298

PRÓLOGO

Un día hermoso, en la primavera del año 2020, cuando el mundo entero se estremecía a causa del miedo y la incertidumbre provocados por una pandemia sin precedentes, recibí el mensaje más dulce de una niña, desconocida para mí, llamada Manantial de Luna. En el mensaje, me pedía que ayudara a difundir su iniciativa personal de convocar a gente de todo el mundo para realizar una meditación con la cual subir la vibración planetaria.

Si te ha pasado como a mí, no es fácil toparse con gente que simplemente quiere dar. Casi todo mundo está trabajando un ángulo, con algún tipo de interés o con la expectativa de tener algún resultado y beneficio personal, pero el mensaje de Caro se sentía diferente. La sensación que tuve fue similar a lo que puede haber sentido Antoine de Saint-Exupery cuando interactuaba con la pureza y la inocencia del principito. Tuve la oportunidad, unos meses después, de realizar una entrevista con Carolina: fue un verdadero deleite por su deseo sincero de aportar, por su inocencia, pero también por su determinación y fortaleza.

A lo largo del año tuvimos la oportunidad de seguir coincidiendo y acabamos tomando un diplomado de *coaching* como compañeros, y pude seguirla conociendo y comprobando que mi primera impresión había sido completamente precisa.

Dice Lao Tzu: «El que habla no sabe y el que sabe no habla». Este libro es la bitácora de un viaje y un testamento de los tesoros que se fueron revelando en ese viaje. Fue un viaje que inició con un proceso doloroso de pérdida y de romper el *statu quo* y que acabó con la confianza de que aquello que estamos buscando ya está dentro de nosotros. En este viaje, el autor deja lo cómodo y conocido y va en busca de aquello que siempre fue y no había visto. En ese proceso, lleno de miedo y de ansiedad, Carolina descubre que no hay nada más grande que el amor propio y que no necesitamos nada más que a nosotros mismos para ser felices.

El proceso de Caro —su apertura por aprender cosas nuevas, cambiar de parecer, liberarse de aquello que ya no le sirve, probar diferentes herramientas e integrarlas a su vida— puede convertirse en una gran inspiración y guía para aquellos que desean encontrar sus propios tesoros y poder, como lector, tomar ideas y conceptos que te ayuden a armar tu propio set de herramientas y a vivir la vida de una forma más feliz, más simple, más inocente y más plena.

Espero que disfrutes de su proceso y te empodere en el tuyo. Es un gran honor ser parte de este proyecto que viene desde el fondo del corazón y es exactamente hacia donde te va a llevar.

Ariel Grunwald

Puerto Vallarta, México. Febrero 2021

Una vida amada y abundante

INTRODUCCIÓN

Me llamo Carolina y quiero contarte mi historia: la historia del camino que me ha traído hasta encontrarme en una sensación constante de certeza y confianza plena en la **sabiduría del Universo**; sensación que me gustaría ayudarte a que experimentes.

Soy un ser humano común y corriente, con muchas preguntas abiertas hacia la vida, con curiosidades, con necesidades, con inseguridades.

Soy un ser humano imperfecto, que sigue aprendiendo. También cometo errores; me equivoco.

Soy un ser humano que vino a buscar respuestas, a intentar encontrar el sentido, a ser canal de luz en el mundo.

Soy especial como tú y tú eres especial como yo. Tenemos las mismas dudas, los mismos miedos y las mismas necesidades. Aunque estén planteados de forma distinta, lo único que deseamos con ellos es encontrar la respuesta y devolvernos a la luz que ya somos. Tenemos las mismas capacidades, estamos hechos de lo mismo, estamos llenos de amor y posibilidades.

Soy especial, como lo eres tú que estás leyendo esto, y como lo es la persona que acaba de pasar caminando, como el mendigo de la esquina, como tu profesora de pilates o como un vendedor de coches.

Todos estamos hechos de la misma materia y procedemos de la misma energía. Todos somos especiales en nuestras capacidades e inseguridades.

Somos eternos y completos. Este cuerpo no nos define, porque este cuerpo tal vez lleno de energía, tal vez joven, tal vez enfermo, tal vez cansado, tal vez viejo, tal vez femenino, tal vez masculino, tal vez blanco, mulato, oxidado o ágil, no nos define, porque no somos el cuerpo que habitamos: **somos el alma que ha viajado por muchas vidas,** y que una vez acabada esta experiencia de vida seguirá estando. El alma que somos es completa y rebosante.

Entiendo que soy un alma viviendo una experiencia humana. El cuerpo se me ha dado como un instrumento, como un vehículo para poder ejecutar en la vida, para llevar a cabo el propósito de mi alma y servir al plan mayor del que todos hacemos parte.

Si mi cuerpo es el vehículo del que me ayudo para manifestar lo que deseo en este plano material, ¿por qué no darme lo mejor? ¿Por qué no tratarme mejor? ¿Por qué no darme más amor? ¿Por qué no consumir lo mejor en todos los niveles?

Lo que como, lo que escucho, lo que leo, lo que veo, la gente de la que me rodeo, los lugares que frecuento, lo que aprendo, las cremas que uso, suplementos que tomo, cómo me ejercito... Si cuido mi vehículo físico, puedo responder mejor a las situaciones que me presenta la vida y aprovechar mejor las posibilidades.

Tenemos la imperante necesidad de saber que somos un alma, completa y eterna, experimentando una vivencia humana. La experiencia humana que se nos brinda a todos no tiene otra intención que enseñarnos a ser cada día nuestra mejor versión, a superar las lecciones, a aprender que somos mucho más que este cuerpo, a despertar del sueño y a sentir el amor. No el amor de una pareja, no el amor de nuestros padres, hijos o amigos. Sí el amor inconmensurable y eterno que hace que todo exista, el amor que respeta a todos los seres del mundo, el amor transparente que comprende que cada persona está viviendo su proceso, el amor que reconoce la llama divina dentro de sí mismo y dentro de todos los seres, el amor consciente de la unicidad universal. El amor de donde todos venimos y hacia donde todos vamos. **El amor que somos.**

Marianne Williamson lo explicó perfectamente:

Somos como una rueda de bicicleta: separados al final, pero pertenecemos todos al mismo punto inicial.

De ahí que lo que te haga a ti me lo haga a mí misma, porque yo soy tú y tú eres yo, y los dos venimos del mismo punto inicial e iremos hacia el mismo punto al final.

El sentido de la vida no es pasar por encima de la misma de puntillas. El sentido no es que, al equivocarnos, debamos desandar lo andado o desaprender lo aprendido.

El sentido de la vida es recolectar las lecciones, aprender de ellas, integrarlas, trascenderlas e intentar superarnos y ser nuestra mejor versión desde el momento presente, sin compararnos con los demás.

Cuando te convences de que estás aquí para aprender, que el tiempo es solo una medida que hemos creado los seres humanos y que nunca se es demasiado joven o demasiado viejo para desarrollar todo tu potencial, para ser feliz, para perdonar, para amar. Cuando confías en que has venido a la Tierra una y otra vez a vivir vidas que te acerquen al amor. Sabes que nada es casualidad y que absolutamente todo aquí y ahora está bien.

Si ya poseo la eterna felicidad, ¿qué impedimentos estoy poniendo yo a la felicidad eterna para que su luz se manifieste dentro de mí?

Tengo la posibilidad de cambiar, de tomar decisiones. Si soy mi mejor apoyo, no obstaculizo con miedos e inseguridades mi camino; no me limito.

El alma tiene infinitas posibilidades; eres cocreador de la realidad que deseas manifestar y de la vida que quieres vivir.

Estás aquí en el mundo y eres libres de escoger qué camino quieres tomar.

¿Estás listo para escoger ser libre y feliz?

La decisión de cambiar no va a ser fácil, va a requerir que salgas muchas veces todos los días de tu zona de confort y tomes decisiones complicadas o tengas esas conversaciones difíciles. La recompensa a ser tú mismo merece la pena. Hacer lo que te gusta, vivir la realidad que quieres ver manifestada y despojarte de tus creencias limitantes es una inmensa sensación de plenitud y de amor.

Estás en este mundo y tienes libertad para escoger si quieres ser feliz, si quieres superar la tristeza, si quieres manifestar un mejor trabajo, una pareja más consciente o más abundancia.

Créetelo, porque tú puedes.

Depende de ti el decidir tomar acción con pequeños pasos cada día para convertirte en lo que quieres atraer. Porque lo semejante atrae lo semejante.

Esa decisión dependerá en gran parte del nivel de conciencia que tengamos y de la situación por la que estemos atravesando. La buena noticia es que no hay decisiones correctas o equivocadas, solamente son opciones. Sé compasivo contigo mismo si en algún momento te equivocas; de eso se trata la vida.

Somos seres humanos y estamos aquí para aprender.

Mi principal propósito al escribir este libro es ayudar a que otras personas puedan ver los momentos difíciles de su vida como un trampolín hacia algo mejor y que puedan navegar la transición de una forma más fácil, sin pasar por todo lo que tuve que pasar yo.

El propósito de los ejercicios de este libro es encender la chispa que hay en tu interior y que esa chispa te guíe hacia el centro de tu corazón.

Estos ejercicios están diseñados para que te hagas consciente y partícipe de tu propio proceso, para que tomes asiento en el sitio del piloto y aprendas a sentir cómo la vida se dirige y fluye a través de ti.

Con estos ejercicios espero que mejore tu autovaloración y autoestima, y que reconectes con la chispa divina que tienes dentro. Así, no dudarás de que eres totalmente abundante en luz y amor.

A veces son los ejercicios más simples los que nos ayudan a re-conocernos y nos llevan de regreso a lo que somos.

No podemos cambiar una situación en el mismo punto donde empezó. No podemos pretender amarnos más, que mejore nuestra relación con nosotros mismos y, por ende, que nuestras relaciones con nuestros espejos mejoren si seguimos haciendo exactamente lo mismo que estamos haciendo hoy. Por ello, te invito a que empieces a introducir pequeños cambios en tus hábitos de comportamiento y en la forma en que te tratas.

Una vida amada y abundante

En el libro hablo con frecuencia del Universo: puedes interpretarlo como Dios, la divinidad o la fuente, una fuerza superior o la energía divina, creadora y poderosa. Ese ente único de luz que tiene muchos nombres en cada una de las creencias y religiones, pero que es siempre el mismo. No pasa nada si no crees en Dios, no hace falta que creas en ninguna religión. El mensaje es lo importante. Si te hace sentir mejor, piensa en la energía superior o simplemente en electricidad espiritual.

Espero que encuentres la felicidad, el amor incondicional y la abundancia en todos los días y que aprendas a amar tu vida a y agradecer por ella, tanto como lo hago yo ahora.

SOMOS ENERGÍA

A lo largo de este libro encontrarás unos corazones al lado de ciertas palabras o frases. Corazones como los que te muestro a continuación:

Cuando los veas, detente un momento, pues con ellos quiero indicarte que deseo compartir algunas ideas para que las tengas en consideración en tu día a día y eleves tu vibración.

¡Somos energía!

En verdad, vibramos en diferentes frecuencias: cuando vamos a lugares a los que no queremos ir, hacemos cosas que no nos hacen bien o excedemos nuestros límites, entonces nos sentimos cansados, sin energía, irritables. Pero cuando hacemos lo que amamos, lo que nos suma genuinamente, nuestra vibración se eleva, nos sentimos felices, abundantes, enérgicos, sonrientes, ¡con ganas de compartir!

El elevar o reducir la vibración por estímulos es un hecho científicamente probado.

La buena noticia es que podemos elegir rehabilitarnos de las distracciones y recuperar nuestro campo electromagnético, siempre que escojamos la honestidad y lo que nos hace bien: alimentándonos mejor, durmiendo mejor, respirando profundo, conectándonos con la naturaleza, jugando, escuchando música que nos toque recuerdos buenos, haciendo lo que amamos.

Me encanta el gráfico del Dr. David Hawkins que muestro a continuación. En él señala cómo las emociones vibran en diferentes frecuencias:

a) Las emociones negativas vibran bajo y con ellas te sientes contraído.

b) Las emociones positivas vibran más alto y con ellas tu espíritu se expande e incluso alejas las enfermedades.

Actuar desde el amor es el mejor camino.

Dr. David Hawkins. La frecuencia de las emociones

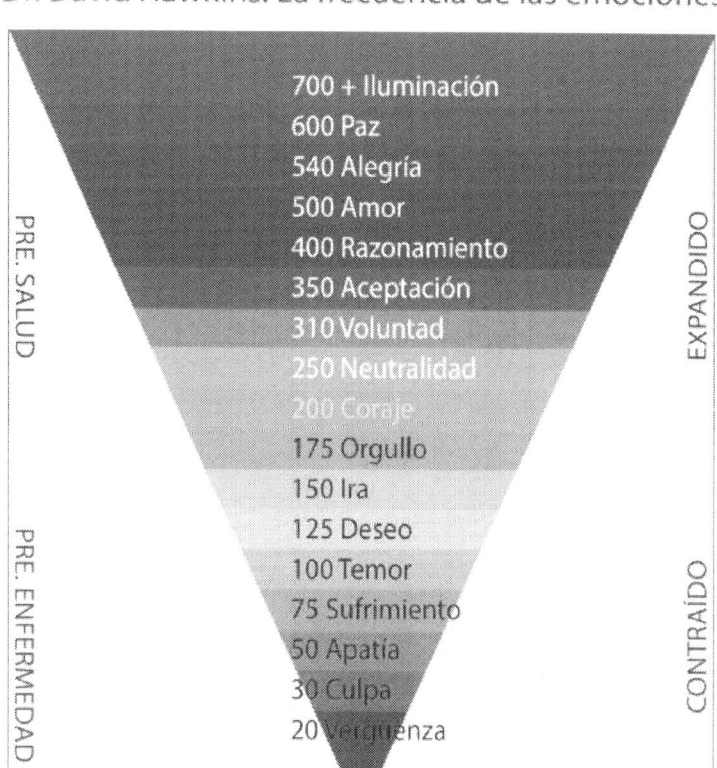

Asimismo, podemos elegir la vibración que emitimos en sentimientos y emociones. Incorporemos esto como formas de elevar la vibración:

Gratitud, amabilidad, amor, pasión, perdonar, aceptar, caminar descalzo en el césped, meditar, empatía, consciencia, respirar profundo, yoga, hacer ejercicio, sonreír, abrazar, bailar, cantar, comer frutas y verduras, relajarse, dibujar o pintar, escuchar música, ser creativo, ayudar.

Cuando tú cambias, las personas alrededor se contagian. Ya lo dijo Mahatma Gandhi: «Sé el cambio que quieras ver en el mundo». Así que si quieres ver un cambio en el mundo, empieza por cambiar lo que no te gusta de ti mismo.

Podemos empezar a transformar lo que somos si dejamos de interponernos o de inventarnos dificultades y empezamos a permitirle a la vida que se manifieste a través de nosotros. Permitir que el flujo natural de la existencia nos guíe, aprendiendo a vivir en el momento presente, aprendiendo a soltar, a dar sin esperar y a ser, que es a lo que hemos venido al mundo. A permitir que la vida se experimente mágicamente a través de nosotros.

Difundir buena energía es como lanzar una piedra al agua: puedes notar cómo la energía se expande.

La energía no es positiva ni negativa, y está esperando a que tú la dirijas.

Puedes empezar hoy a trabajar en ser tu mejor versión, sin compararte con nadie. Cuántas personas «corrientes» han hecho cosas extraordinarias. Está en ti el poner de tu parte para hacer que tu luz se expanda y vivir situaciones que siempre has querido. Cree en ti y trabaja por lo que crees.

Si elevas tu vibración, serás un imán de situaciones alineadas con esa vibración. Si estás buscando un trabajo, hazlo con pasión, con intención, interésate por el campo en el que quieres trabajar, aprende, documéntate, actualízate. Tu pasión moverá las fibras de lo inconsciente hasta que encuentres tu trabajo ideal.

Si te quedas en una postura pasiva, nunca se dará. Si empiezas a ejercer un papel activo en la búsqueda del trabajo que quieres manifestar y, además, estás preparado para recibirlo, lo manifestarás. Así es como funciona.

Cuando crees que estás atascado y no encuentras salida, es cuando más necesitas confiar en ti y en tus capacidades.

Confía en que estás lo suficientemente preparado para desarrollar tu trabajo ideal. ==Estudia, lee, documéntate, actualízate.==

Habla con personas que podrían ayudarte, envía tu CV, date de alta en páginas de reclutadores de talentos como el tuyo, preséntate personalmente en el sitio en el que siempre has querido trabajar, con la mejor de las disposiciones.

El Universo te va a proveer de todo lo que deseas cuando tú demuestres que sabes cuidar lo que tienes (a ti mismo) y darte lo que necesitas.

Nunca se te dará más de lo que puedas gestionar.

Si se te presenta una situación, por difícil que parezca, es porque puedes con eso. No dudes de que estás totalmente capacitado para sortear con las dificultades que se te presentan.

Si una situación incómoda llega a tu vida es porque es la experiencia exacta que necesita tu alma en el justo momento, para trascender, para su evolución. De ti y de tu nivel de apertura espiritual depende la forma en la que vivas la situación.

Si quieres posicionarte en el lugar de la víctima, el carente, el que sufre, es tu decisión. Si quieres posicionarte en el lugar del que ama, del que entiende, del que trasciende, el que supera y ve lo bueno en cada situación, también es tu decisión.

Una vida amada y abundante

CAPÍTULO 1
LA FELICIDAD COMO ESTILO DE VIDA

¡Me entusiasma estar sentada terminando este libro después de haberlo tenido guardado durante dos años! Hay muchas cosas que quiero compartir contigo y que hasta hace poco no sentía el valor de realizarlo.

Me sentía un fraude.

No sabía exactamente cómo había salido de algunas de las situaciones más difíciles de mi vida. También me sentía un fraude porque no sabía cómo expresar esas vivencias.

Si estaba totalmente desconectada de mi poder, ¿cómo iba a poder escribir un libro o ayudar a otros?

Admití que debía dejar de ser la víctima, conectar con mi valor, con mi amor propio y con la valentía que me hace querer contarte aquí que ¡tú también puedes!

Has superado tantas situaciones difíciles porque has conectado con tu valentía y tu luz. Tienes ese superpoder, tienes la capacidad de vivir una vida amada y abundante ahora.

♥ ♥ ♥

DESEO QUE TE CELEBRES, TE EMOCIONES Y TE ABRAS A COSAS BUENAS.

♥ ♥ ♥

La clave para poder empezar a escribir y dejar de sentirme un fraude fue decidir entregarme a la guía del Universo.

Decidí terminar para siempre con el drama y empezar a creerme capaz de terminar este libro y ser congruente con mis acciones. Esa decisión desató en mí un torrente de energía optimista y proactiva.

Las palabras que me venían desde dentro eran: «Si he venido aquí a ser feliz, ¿qué hago decidiendo ser miserable? ¿Qué hago decidiendo procrastinar y no tomar acción por mis sueños?».

La lección 101 de *Un curso de milagros* (UCDM) dice:

La voluntad «Universal» para mí es perfecta felicidad.

Desde los principios de la historia de la humanidad, nos hemos desalineado inconscientemente del flujo de energía universal creyéndonos un fraude, insuficientes, sintiéndonos culpables, juzgando a los demás y creando separación. Hemos ido alejándonos los unos de los otros, creando diferencias inexistentes.

Mira por un instante dentro: ¿estás desalineado del flujo natural de amor, felicidad y abundancia del Universo?

Para volver a alinearte solo necesitas pedirlo. El flujo ya existe y es totalmente tuyo. La voluntad «Universal» para ti es perfecta felicidad. ¿Tú qué eliges? ¿Sufrir o ser feliz? ¿Estás dispuesto a ver la vida desde la visión de la voluntad universal? Es una elección.

Si antes de entrar en el vórtice de la victimización, la necesidad, la separación, el juicio y la culpa, nos entregamos a la **guía del Universo**, lo que se nos dará es la perfecta felicidad. Es la voluntad universal; eso es lo que has venido a experimentar.

Mi profesora de Kundalini vivía en la realidad de la unicidad. Tenerla cerca era un sentimiento de pureza. Nos enseñaba a repetir el mantra *Ra Ma Da Sa - Sa Se So Hung*: Sol, Luna, Tierra, infinito. La divinidad y la unidad. La experiencia de esta realidad es **Yo soy tú; somos uno**.

Ahora mismo, mientras escribo este libro, mi deseo es que llegue a tus manos para ayudarte a sanar, a sentir el amor universal, la experiencia de la divinidad y la unidad en esta realidad, a crecer y a creer en ti y en que el Universo siempre cumple.

Y esto es lo interesante: cuando nos alineamos con el amor universal, comprendemos y aceptamos los procesos de la vida, lo que sale de nosotros y lo que viene del exterior. Cuando somos conscientes, nos hacemos responsables. Cuando observamos, nos alineamos y estamos dispuestos a aprender y a escuchar, las respuestas llegan. Incluso las experiencias más difíciles nos ofrecen una gran lección. Todo es combustible, todo es perfecto.

Es muy importante reconocer el poder que tenemos de conectar con el amor del Universo y la capacidad que tenemos de extender esa energía a los otros. Porque lo que compartes se expande. Empieza por expandir ese flujo de amor en otros; verás cómo, al darlo, se multiplica.

♥ ♥ ♥

CUANDO DESEAS EL BIEN PARA OTROS, ELEVAS TU VIBRACIÓN.

Es muy importante reconocer el poder de nuestra energía y aspirar a la felicidad de todos. Si todos somos uno, lo que compartimos es más fuerte que lo que nos divide.

Suelta tu presión sobre la vida y empieza a enviar a otros vibraciones de amor, de paz, de armonía, de solidaridad. Tu transformación empieza cuando deseas para otros la felicidad, cuando puedes decir sin temor: «Respeto lo que eres, deseo tu bien, tu progreso y tu crecimiento».

Durante toda mi vida, he visto que con pequeños cambios que haga dentro de mí puedo transformar la oscuridad en luz. Somos semillas. Acontecimientos colectivos como lo que vivimos en el 2020 nos han enseñado que no somos entes aislados, no somos islas, ni somos autosuficientes.

Todos somos uno y lo que hago yo te afecta a ti y a todos los demás.

Te sentirás fortalecido cuando en las situaciones de tu vida practiques el adoptar lo positivo, abandonar lo negativo y hacer siempre lo mejor que puedas.

Una vez leí que, en la NASA, hay un póster de una abeja, que dice así: «Aerodinámicamente, el cuerpo de una abeja no está hecho para volar. Lo bueno es que la abeja no lo sabe».

Una vida amada y abundante

Desafiando las leyes de la lógica, el ser humano creó barcos con materiales que por sí solos no flotan y aviones con materiales no precisamente ligeros. Físicamente, la humanidad ha sido capaz de lograr avances increíbles.

Mental e internamente puedes cambiar tu vida y lograr avances increíbles si te vuelves consciente de que todo lo que piensas, sientes, haces y dices tiene repercusión en algún plano.

Tienes un magnífico poder de creación, tienes el poder de alinearte, de transformarte, de crear una vida maravillosa si lo que piensas, sientes, vibras y agradeces es una vida maravillosa. Así de grande es tu poder.

Pasos para empezar a celebrarte, a emocionarte y a crear una vida maravillosa.

1. Ten un diario de gratitud.

2. Dedica unos minutos de tu día a meditar o a tener una práctica que para ti sea «sagrada» y te conecte con una energía más elevada.

3. Confía en tu instinto. Tienes una antena poderosísima que te guía el camino.

4. Di exactamente lo que quieres decir. No tengas miedo de decir NO. No tengas miedo de decir SÍ. No quieras complacer a todos. Reconoce tus límites.

5. Cuida tu apariencia, haz tiempo para consentirte. Lee algo que te empodere, que te sume y que te eleve.

6. Aléjate del drama, la negatividad, la victimización, los miedos, rencores y prejuicios. Suelta lo que no puedes controlar.

7. Hazle, mínimo, un cumplido a otra persona al día. Abraza más. Ama más.

8. Empieza a respetar y a respetarte, a dejar de juzgar y a dejar de juzgarte. Sé amable contigo. Hazte consciente de cómo te hablas.

9. Rétate, elimina de tu mente pensamientos negativos.

10. Rodéate de personas que te hagan mejorar. Aventúrate a vivir nuevas experiencias y retos.

> 11. Muévete, baila, haz yoga, ejercítate. Aliméntate saludablemente. Camina con seguridad, con la espalda recta y con la respiración relajada.
>
> 12. No te autosabotees cuando se trate de tus sueños.

Si ahora mismo estás luchando con cualquier tipo de situación difícil, debes saber que en este momento puedes volver a elegir ver amor para transformar la oscuridad en luz.

Puedes elegir ver amor con pequeños gestos: escuchando, empatizando, buscando soluciones proactivas, elogiando las cosas bonitas que veas, siendo paciente cuando las cosas suceden de una forma diferente a la que habías pensado, actuando desde el amor.

Si te atascas en situaciones de frustración o miedo, da un paso atrás **conscientemente**, observa la situación y decide volver a elegir. Tenemos muchos apegos porque creemos que no somos suficientes.

En el momento en que vuelves a elegir te haces consciente de que eres completo y eres eterno. Tienes todo lo que necesitas y puedes manifestar todo lo que desees.

Vuelve a elegir alinearte.

Deja la necesidad de sentir el apego y la dificultad de soltar lo que no te hace bien o lo que ya no está alineado con la persona que eres hoy.

Convéncete que lo tienes todo, no te hace falta nada de lo que crees que te hace falta para ser feliz y sentirte completo.

La belleza es una actitud. La felicidad es una actitud.

Puedes elegir ver la vida con una mejor actitud. Al abrir los ojos decide ser feliz y actuar en consonancia con ello. No estás solo, es tu actitud lo que determina cómo va a ser tu día. No puedes evitar que sucesos inesperados ocurran, pero sí puedes determinar la actitud con la que te vas a enfrentar a dichos sucesos.

Por supuesto que seguirán ocurriendo situaciones difíciles: despidos en el trabajo, divorcios, enfermedades o cosas que, en un primer momento, no se nos ocurriría decir que pueden ser para nuestro mayor bien, pero que están orquestadas por un plan divino perfecto, porque absolutamente todo es perfecto tal cual es.

Aunque sigan ocurriendo situaciones difíciles, tu valor no se verá mermado. Seguirás siendo un ser maravilloso, perfecto, completo y eterno.

Ahí está nuestro libre albedrío; lo tenemos para escoger qué lado de las situaciones queremos ver: lo negativo y centrarnos en lo malo que nos sucede, o elegir ver lo positivo y enfocarnos en la lección que nos está aportando la vida. También podemos sentarnos en el sofá de la víctima o decidir ser proactivos con ese dolor y transformarlo en luz.

EL UNIVERSO TE DA LAS RESPUESTAS CUANDO TE HACES LAS PREGUNTAS ADECUADAS:

¿PARA QUÉ ME PASA ESTO?
¿QUÉ PUEDO APRENDER DE ESTA SITUACIÓN?
¿QUÉ SE ME ESTÁ MOSTRANDO?
¿PUEDO SACAR ALGO POSITIVO?

Cada situación de la vida esconde una enseñanza; todas las personas que conocemos están ahí para ser maestros. Por supuesto, tú también eres maestro, pero también aprendiz. Dentro de ti está la capacidad de agradecer, aunque al principio no se vea tan positiva la enseñanza. Agradece, porque lo que te está sucediendo es para **tu mayor evolución.**

El Universo siempre cumple.

Cuando elegimos ser resilientes, podemos ver lo positivo en todas las situaciones negativas. Se trata de una clase de alquimia en la que convertimos nuestro plomo en oro, nuestra oscuridad en luz.

Para sentirnos bien de manera consistente, podemos manifestar las situaciones con las que nos alineamos, pero debemos aprender a recibir con paciencia, porque la ansiedad y la queja alejan la manifestación. Más adelante hablaremos del poder que tienes de manifestar lo que desees en tu realidad.

Por ahora, confía en que el Universo siempre cumple. Cuando decides estar alineado, aprender las lecciones, hacer el trabajo que te toca hasta donde te es posible y luego te desapegas del resultado, todo se alinea para que llegue a ti lo que es tuyo.

Puede que no entendamos muchas veces la lección detrás de la situación difícil, pero cuando dices: «Suelto y confío», te desapegas del cómo se tienen que dar las cosas. Tú sabes que el Universo te va a dar todo lo que por **derecho divino** te corresponde.

Una vida amada y abundante

Como no debes preocuparte, puesto que al final va a llegar a ti lo que necesites, suelta y confía en el Universo. Cuando repito el mantra «Suelto y confío», me desapego del cómo tiene que suceder. Y así, el Universo despliega toda su energía creativa para moverme de acuerdo a mi verdadero propósito.

En cuanto surja la situación, puedes recitar este mantra en silencio o en voz alta:

YO ELIJO VER ESTA SITUACIÓN CON LOS OJOS DEL AMOR.

YO ELIJO ESCOGER MI FELICIDAD Y LO QUE ME AYUDA A MI EVOLUCIÓN.

Sé que puede ser difícil, al principio, dejarse guiar sin más. Tenemos muchos pensamientos arraigados que limitan nuestro crecimiento; pensamientos inconscientes que muchas veces nos ha transmitido nuestra sociedad, nuestro país, nuestra educación, la televisión, las personas que queremos, ¡también ellos sin ser conscientes!

Pero cuando te entregas, el Universo hace el trabajo por ti.

Muchas personas quedan atascadas en las creencias limitantes de insuficiencia o de que no merecen ser felices ni que las cosas les vayan bien.

Yo me encontraba atascada en la creencia de que mi mensaje no era lo suficientemente bueno como para ayudar a otros, hasta que tomé la decisión de crear, para mí misma, pensamientos empoderadores de amor que reemplazaran los pensamientos de carencia y de insuficiencia. Decidí abrirme a confiar.

Una vida amada y abundante

El elefante encadenado
Jorge Bucay

Cuando yo era pequeño me encantaban los circos; y lo que más me gustaba de los circos eran los animales.

Me llamaba especialmente la atención el elefante. Durante la función, la enorme bestia hacía despliegue de su peso, tamaño y fuerza descomunal... Pero después de su actuación y hasta un rato antes de volver al escenario, el elefante quedaba sujeto solamente por una cadena que aprisionaba una de sus patas a una pequeña estaca clavada en el suelo.

Sin embargo, la estaca era solo un minúsculo pedazo de madera apenas enterrado unos centímetros en la tierra. Y aunque la cadena era gruesa y poderosa, me parecía obvio que ese animal, capaz de arrancar un árbol de cuajo con su propia fuerza, podría, con facilidad, arrancar la estaca y huir.

El misterio es evidente: ¿Qué lo mantiene entonces? ¿Por qué no huye?

Cuando tenía cinco o seis años, yo todavía confiaba en la sabiduría de los mayores. Pregunté entonces a algún maestro, a algún padre, o a

Una vida amada y abundante

algún tío por el misterio del elefante. Alguno de ellos me explicó que el elefante no se escapa porque estaba amaestrado

Hice entonces la pregunta obvia: «Si está amaestrado ¿por qué lo encadenan?». No recuerdo haber recibido ninguna respuesta coherente.

Con el tiempo, me olvidé del misterio del elefante y la estaca; y solo lo recordaba cuando me encontraba con otros que también se habían hecho la misma pregunta. Hace algunos años, descubrí que, por suerte para mí, alguien había sido lo bastante sabio como para encontrar la respuesta:

El elefante del circo no escapa porque ha estado atado a una estaca parecida desde que era muy, muy pequeño.

Cerré los ojos y me imaginé al pequeño recién nacido sujeto a la estaca. Estoy seguro de que, en aquel momento, el elefantito empujó, tiró y sudó tratando de soltarse. Y, a pesar de todo su esfuerzo, no lo consiguió porque aquella estaca era ciertamente demasiado fuerte para él.

Juraría que se durmió agotado y que al día siguiente volvió a probar, y también al otro, y al que le seguía...

Hasta que un día, un terrible día para su historia, el animal aceptó su impotencia y se resignó a su destino.

Ese elefante enorme y poderoso que vemos en el circo no escapa porque cree, pobre, que NO PUEDE.

Una vida amada y abundante

Él tiene registro y recuerdo de su impotencia, de aquella impotencia que sintió poco después de nacer. Y lo peor es que jamás se ha vuelto a cuestionar seriamente ese registro.

Jamás... jamás... intentó volver a poner a prueba su fuerza...

Todos somos un poco como el elefante del circo: vamos por el mundo atados a cientos de estacas que nos restan libertad.

Vivimos pensando que «no podemos» hacer montones de cosas, simplemente porque una vez, hace tiempo, cuando éramos pequeños, lo intentamos y no lo conseguimos. Hicimos entonces lo mismo que el elefante, y grabamos en nuestra memoria este mensaje: «No puedo, no puedo y nunca podré».

Hemos crecido llevando ese mensaje que nos impusimos a nosotros mismos y por eso nunca más volvimos a intentar liberarnos de la estaca.

Cuando, a veces, sentimos los grilletes y hacemos sonar las cadenas, miramos de reojo la estaca y pensamos: «No puedo, no puedo y nunca podré».

Esto es lo que te pasa, vives condicionado por el recuerdo de una persona que ya no existe en ti, que no pudo.

¡Tu única manera de saber si puedes es intentarlo de nuevo poniendo en ello todo tu corazón!

Ahora que tienes una idea más clara de lo que es estar conectado con el flujo de energía universal, me gustaría contarte casos de clara conexión con la fuente creadora y creativa.

Me encanta saber que somos seres viviendo una experiencia humana, que personas que han logrado cosas asombrosas también han sido seres humanos con defectos y han venido a esta experiencia a recorrer su propio camino, tomar sus propias lecciones e improvisar: Thomas Edison, Leonardo da Vinci, Platón, Miguel Ángel o Nikola Tesla. Me hace saber que todos podemos, que somos totalmente capaces, creativos y creadores, conectados con una fuerza motriz mayor que nos mueve. Me recuerda que vamos por el buen camino a lograr cosas asombrosas.

Ellos son o han sido seres humanos como tú y yo. Sus días tenían veinticuatro horas al igual que los nuestros, con las mismas posibilidades.

Lo único que necesitas es creerte posible.

Ellos me recuerdan que todos podemos crear, hacer cosas que sumen. Tenemos la capacidad de ser nuestra mejor versión y hacer que nuestro paso por la vida sea maravilloso.

Las personas extraordinarias de la historia fueron personas normales que lograron eliminar sus bloqueos y dejaron fluir dentro de sí lo divino. La única forma de cambiar el mundo es cambiarnos a nosotros mismos.

Moldeamos nuestra realidad, escogemos lo que queremos vivir, ver, ser, hacer.

Descartes escribió una carta al final de su vida en la que decía: «Mi vida estuvo llena de desgracias, muchas de las cuales jamás sucedieron».

Es muy importante reconocer el poder que tenemos de crearnos historias de insuficiencia, llenarnos con nuestros más profundos temores y permitir que nos ahoguen, sin dejar espacio para el amor y los sueños.

Libramos batallas que no han comenzado, que solo existen dentro de nosotros y, con ello, nos limitamos. ¿Cuántas historias de terror te has contado? ¿Cuántas veces te has paralizado ante cosas que no sucedieron?

Esa capacidad de crear y reproducir el miedo que tienes en tu cabeza puede ser reemplazada por el amor, la paz y la felicidad cuando decides volver a alinearte.

Tus deseos son tuyos y tú eres el que manifiesta. Los deseos son solamente ideas; tú eres el vehículo para que esas ideas se materialicen.

Experimenta y vive la vida que quieres crear. ¿Quieres vivir en el miedo, en la desconfianza, en la incertidumbre? ¿O prefieres vivir en la plenitud, la felicidad y el amor?

Con cada palabra, con cada acto y con cada paso que das, tú decides: ¿tiemblas o vibras?

Con cada latido de tu corazón y con cada acto que realizas, estás emitiendo una energía al Universo que será con lo que él te responderá de vuelta.

Tú decides si vibrar desde la abundancia o la carencia, desde la certeza o la ambivalencia, desde la integridad o la deficiencia.

Tus creencias moldean tu realidad y tus vibraciones atraen tus experiencias. El Universo te echará una mano cuando sueltes «la cadena que te ata el pie» (las creencias que mantenían atado al elefante, ¿recuerdas?).

Aun sin pedir alineación o sin escoger ver la vida desde los lentes del amor, estamos esperando que se nos dé todo bien y que se dé inmediatamente.

Un día, supe que podemos crear la vida que queremos, pero para que lo que queremos se vea manifestado en el mundo físico, debemos ser pacientes con nuestros procesos.

Las cosas buenas toman tiempo.

Volviendo en un vuelo de Cantón a Londres en el que no podía dormir, miré cuánto tiempo nos quedaba para aterrizar. En el mapa interactivo pude ver que sobrevolábamos Ürümqi (jamás lo había escuchado en mi vida). ¡Miré por la ventanilla y pude observar tantísima belleza! Se me ponen los pelos de punta al recordar esa maravilla.

¡Ah!, ¡cómo me inspiran los aviones! Esa sensación de tener un tierno sol en frente, las nubes debajo, los pájaros volando y una geografía majestuosa, hermosa. ¡Qué afortunada y qué agradecida me sentí de no estar durmiendo! ¡Qué pequeña me sentí ante tal inmensidad y qué grande me sentí de saber que estaba a treinta y ocho mil pies de altura contemplando tal belleza!

Solo tienes que mirar desde la ventanilla del avión para ver que nuestro planeta, la Tierra, en los sitios en los que no ha intervenido el hombre, ha sido hermosa y silenciosamente dibujada a través de los años por el sol, el viento y el agua. **Le ha tomado tiempo llegar a esa belleza y majestuosidad.**

Para permitir que el Universo se ponga a la altura de nuestros sueños, debemos aprender que las cosas toman tiempo. Todos los procesos naturales toman tiempo. Nuestro proceso natural de alinearnos con el flujo el Universo tomará cierto tiempo.

A veces te asombrarás de la rapidez con la que se dará lo que deseas, pero mi recomendación es que empieces por ser paciente. Disfruta de las cosas cuando menos te las esperas. Suelta y confía. Fluye y déjate ser silenciosamente movido y dibujado por lo que amas.

Es posible que encuentres un gran alivio en ir reemplazando las «creencias limitantes» por tus propias «creencias empoderadoras». Aprende cada día de tus espejos, de la vida, de los mensajes del Universo.

Empezarás a notar que, cuando lo necesites, pedirás guía no desde la carencia, no desde lo que te falta, sino **agradeciendo** primero, **limpiando** la conexión con el Universo, **vibrando** desde la abundancia y **actuando** con integridad aun cuando nadie esté mirando. **Ese será el momento en el que estarás alineado y preparado para que tus vivencias sean magníficas.**

Si estiras horizontalmente desde la comisura de tus ojos hacia las sienes, se cambia lo que observas. Puedes ver cómo la imagen se distorsiona. Así de fácil tienes el poder de cambiar tu realidad. Tú mismo creas tu realidad de acuerdo a cómo la percibes.

Tus creencias son los lentes a través de los cuales percibes tu realidad. Cada uno tiene sus propias ideas de la vida, las situaciones, las reacciones, las relaciones, de los tiempos en los que debes casarte y tener hijos o si debes casarte o tener hijos.

Cada persona tiene sus creencias, su realidad, y no hay ninguna correcta o incorrecta. Es importante respetar los puntos de vista de los demás, maneras de ver que se han formado por influencia del tiempo, la educación, la familia y la sociedad. Cada persona tiene una idea de lo que es vivir.

Si yo te digo la palabra «mesa», la idea que tienes en tu cabeza sobre una mesa es simplemente **tu idea**. No es mi misma idea. Una persona ciega de nacimiento, que nunca ha visto una mesa, tiene su propia interpretación y percepción. Me deshago de los juicios sobre las creencias de las demás y puedo observar sin juzgar, porque no hay percepciones correctas o incorrectas. Solamente hay percepciones.

Usando la idea de la percepción, respóndete: ¿Quién soy hoy? ¿Qué me permite sentirme feliz? Tu mano por sí sola no eres tú, tu pelo no eres tú, tus piernas no eres tú. Al igual que tu ropa no eres tú, tampoco lo es tu nacionalidad, ni tu profesión, ni tu partido político, ni tu religión o creencias.

Si te des-identificas de lo que crees que eres, reconocerás que eres mucho más. Si quitas todas esas piezas de lo que has creído que eres y con lo que has creído que te identificas, ¿qué queda? **LUZ**. La chispa creadora del amor. El SER que trasciende al tiempo y a las circunstancias.

Para que puedas celebrarte, emocionarte y abrirte a cosas buenas, es importante que conectes con tu niño interior. Baila, juega, ríete. La risa es una maravillosa medicina. Busca un hobby, prueba algo que siempre hayas querido hacer.

GRACIAS, UNIVERSO, POR ENSEÑARME EL CAMINO QUE DEBO SEGUIR. MUÉSTRAME QUÉ DEBO HACER, QUÉ DEBO DECIR, HACIA DÓNDE DEBO IR. CONFÍO EN QUE TU VOLUNTAD ES MI FELICIDAD. SUELTO LO QUE ME ATA Y ME ABRO A LAS MEJORES POSIBILIDADES DESDE EL AMOR.

EJERCICIO PARA SANAR A TU NIÑO INTERIOR

Coge una foto tuya de cuando eras pequeño o haz un dibujo de cómo imaginas que eras, con tus ojos expresivos o tu sonrisita. Si no tienes una foto o un dibujo, puedes sostener la imagen en tu mente de cómo eras de pequeño.

Ahora sí: busca un momento para ti.

Toma unos minutos a solas en un lugar tranquilo. Coge la imagen de cuando eras pequeño a la altura de tu corazón. Si no tienes una foto, sostén una imagen mental tuya de pequeño durante el ejercicio.

Ahora relájate, respira profundo e imagina una luz blanca que sale del mismo centro del Universo y baja hacia ti. Esa luz entra desde la parte alta de tu cabeza y va llenando todo tu cuerpo.

Imagina que de tus pies salen raíces como las de un árbol y estás conectado a la Tierra. Al centro de la Tierra.

La energía sanadora del centro de la Tierra está subiendo en forma de luz blanca hasta tu corazón. Estás a salvo y lleno de amor.

Siente a tu niño interior. Imagina que te acercas a él o a ella, le tomas la manita, le miras a los ojos y puedes hablarle en tu mente con amor y convicción: «Eres valioso, eres completamente inocente. Estoy aquí para ti; puedes contar conmigo. Quiero que seas feliz».

Quédate unos minutos en silencio y haz lo que sientas que es correcto para tu niño interior. Mírale a los ojos, ponlo en tu regazo, abrázalo, tócale la carita. Siente que estás ahí para tu niño interior.

Algo doloroso de tu vida llega a su *fin* y será reemplazado por algo maravilloso que te llenará de paz y de luz. **Alégrate** y agradece lo bueno que se acerca.

Carolina Duque

CAPÍTULO 2
LA MAGIA DEL CAMBIO

El proceso de sanación interno en el que estuve todo el 2018 fue lento. Empezaba a recuperarme de la ruptura de una relación de once años. Mantenía mi cabeza ocupada con libros de desarrollo personal, clases de Kabbalah y *Un curso de Milagros* (UCDM).

Poco antes de embarcarme en el proceso, había entrado en un vórtice de negatividad, de enfermedad, de ansiedad, de falta de amor propio y de presión social. Este vórtice estaba acabando conmigo.

Me juzgaba frente al espejo, me pesaba todos los días, pensaba que no era lo suficientemente mujer como para tener una familia, ni lo suficientemente *sexy* para tener una pareja que me deseara. Pensaba que era muy exigente con lo que quería y que nunca iba a lograr lo que me había propuesto en la vida. No me gustaba mi trabajo, no tenía amigos. Había tomado una serie de decisiones que, en ese momento, creía que eran equivocadas, y había tenido que volver a casa de mi madre.

Tenía un acné galopante. No podía dormir o dormía mucho. No podía comer o comía mucho. Lloraba todos los días. Me sentía insuficiente, innecesaria, víctima.

No sabía cómo acceder a todo el trabajo interno que había hecho.

Había dejado conscientemente mi sueño —caprichoso— de casarme «con bombos y platillos», porque no estaba enamorada. Ya tenía el sitio de la boda ideal, había repartido tarjetas a los doscientos invitados y había escogido el menú. Sin embargo, no era feliz.

Mi ex tuvo un accidente automovilístico. Él salió ileso, pero el coche fue declarado siniestro total. ¿Cómo evitar sentirme culpable si yo había generado la ruptura?

Cuando preguntamos al 90% de las personas que acaban de terminar una relación cuál creen que es su problema, nos hablan del otro.

Yo reconocía que esa relación no era lo que yo quería para mi vida, pero tampoco había dado completamente mi mejor versión. Estaba decidida a salir de mi zona de confort —de víctima—, buscar la lección de ese momento y no culpar al otro, sino hacerme responsable de mi parte. Esa fue la primera vez en la vida que yo dije conscientemente desde el fondo del corazón: «Soy responsable de lo que se me está mostrando fuera. Yo soy el problema. Yo soy la razón de que me encuentre en esta situación».

Deseo que salgas de tu zona de confort.

La relación fue el reflejo de mis inseguridades, mis celos, mi falta de autoestima, mi toxicidad, mi exigencia, mi mal humor. Yo era la que no me sentía suficiente, la que no me valoraba; yo era la exigente. No él. Él fue un espejo perfecto. No había culpables en esta situación, ninguna palabra negativa, solo perdón, aceptación y agradecimiento.

Aceptación, sin aferrarme a la situación y sin rechazar la lección.

Aceptar la situación como lo mejor que me pudo haber sucedido para mi mayor evolución, soltar el control, fluir.

Cuando soltamos el control de cómo se supone que debe surgir una situación, se abre un abanico de posibilidades maravillosas. Porque sin necesidad de controlar la situación, lo que tenga que ser, simplemente será.

Aceptación para no tratar de cambiar la realidad como fue.

Abrazo de corazón lo inevitable, como una forma de aceptación. Aceptación como medio para llegar a la paz interna, para alinearme con la verdad.

Todos los cambios empiezan reconociendo la verdad, sin luchar. Esa verdad que no suele coincidir con nuestras expectativas.

Aceptarme y reconocerme como soy, sin editarme. Aceptar todo lo que me ha pasado, lo positivo y lo no tan positivo, sin ignorar nada. Son los momentos difíciles en donde se encuentra el potencial para dar el salto.

Entendí entonces que el camino de la sanación empezaba teniendo **compasión** con mi propio proceso.

Nadie dijo que fuera fácil.

Tenía ganas de tomar la lección con los brazos abiertos y actuar de forma diferente. Fuera como fuese la situación que se me presentaba, siempre debía preguntarme **cuál era la lección que había detrás.**

El momento en que conecté con mi compasión interna me hablé con todo el amor que en ese momento podía y me dije: «Estás a salvo sintiendo lo que sientes. Eres humana, equivocarse es parte del proceso. Perdónate, acepta el lugar donde estás y aprende de ello».

Hablarme con amor, perdonarme y aceptar fue la clave.

Sabía que estaba «debajo del agua sin mucho oxígeno» y sabía que era la responsable de «volver a sacar la cabeza a la superficie y respirar». También, que no estaba sola en el proceso. Estaba aprendiendo verdaderamente a abrirme al flujo de amor del Universo y a confiar.

Hoy, tres años después, habiendo dado mi vida un giro maravilloso de ciento ochenta grados —lo cual contaré más adelante en este libro—, reconozco y acepto que, muchas veces, no tener lo que quieres es exactamente lo que necesitas.

UNIVERSO, TOMA LO QUE YO QUIERO COMO UN CAPRICHO. ACEPTO LO QUE ME TRAES PORQUE TÚ SABES MEJOR LO QUE NECESITO A CADA MOMENTO. GRACIAS POR TODO LO QUE DOLIÓ Y POR TODO LO QUE APRENDÍ. GRACIAS PORQUE HOY VALORO ESA SITUACIÓN DE FORMA DISTINTA.

No te preocupes si lo de abrirte a confiar es nuevo para ti. Aunque sientas una carga pesada y mucho dolor ahora mismo, tu alma está completa. Estás en el camino.

Ahora, cuando se me presenta un bloqueo o siento que estoy en medio de un problema y conscientemente quiero buscar la lección dentro de la situación, me repito las palabras de UCDM:

Permítaseme reconocer el problema para que pueda ser resuelto.

Usando estas palabras, he podido conocer que lo que percibo como un problema es creer que el otro me está haciendo algo y que debo luchar o enfrentarme como si hubiese algo que ganar o que perder.

Si veo que alguien está siendo intolerante, me está reflejando que yo también he sido intolerante con otros o conmigo misma. Lo que está haciendo el otro es ser mi maestro, mi espejo para que aprenda a ver fuera cómo son mis pensamientos y mis sentimientos. El otro es siempre mi proyección.

Cuando entregamos al Universo el problema para que pueda ser resuelto, significa que reconocemos que hay algo que queremos que se resuelva y no algo por lo que tenemos que luchar o a lo que debemos enfrentarnos. Cuando nos enfrentamos, el problema persiste. Podemos sentirnos víctimas, culpar a los demás de lo que nos pasa, creer que los demás se aprovechan de nosotros.

No importa cuán grande sea el problema; cuando se lo entregamos al Universo, encontramos la lección y la liberación con el cambio de percepción. Lo único que quiere el Universo es llevarnos a la paz.

La imagen que tenía de mí era la de una persona insuficiente, que no quería hacer nada para no molestar a los demás, para que no se disgustaran, para no incomodar. Quería pasar de puntillas. No tenía claro cuál era el problema, pero sabía que muchas cosas no encajaban. Pedí al Universo para que mis problemas pudieran ser resueltos y, entonces, me di cuenta de que mi valor nunca se había ido, seguía conmigo. Lo que me lo estaba escondiendo era un fino velo: el velo de mi percepción. Entendí que el milagro no pasa fuera, sino dentro.

El milagro es un cambio de percepción.

Hay tanta magia en el cambio...

Hoy, por fin, he cambiado de percepción y reconozco mi valor.

Conozco mi valor en todos los aspectos de mi vida: en mi casa, en mi trabajo, en mis relaciones, en mis conversaciones,

Una vida amada y abundante

---

en mis decisiones. Doy pasos que me refuercen la idea de que soy suficiente. Hago lo que me hace feliz a mí, desde la integridad y el amor.

UCDM también dice:

Ninguna fuerza, excepto tu propia voluntad, es lo suficientemente fuerte o digna como para poder guiarte.

El amor es todo, es de donde venimos, de donde nunca nos hemos ido y a donde debemos regresar.

No aceptes menos de lo que vales. No molestas a nadie por ser tú mismo y tomar las decisiones que te hacen feliz. Si tomas tus decisiones desde el más profundo amor y respeto, primero por ti y luego por el mundo, y aún hay alguien que se molesta, esa persona no vibra en tu misma frecuencia.

El cielo está lleno de estrellas. Que a veces las nubes nos impidan verlas, no quiere decir que no existan.

La luna nos enseña de nosotros mismos que, aunque a veces nos sintamos vacíos o aunque los otros no lo vean, siempre estamos completos.

Tu vida está llena de cosas buenas. Tú eres una persona maravillosa. Toma conciencia de tus dones y ofrécelos al mundo. El milagro pasará dentro de ti, cuando cambies tu percepción para ver todo lo que puedes dar y lo que el mundo tiene para darte.

Durante mucho tiempo he buscado formas de meditar que me ayuden a sentirme mejor. El mantra *Om namaha shivaya* es capaz de ayudarte a conectar con tu espacio interno de calma y bienestar.

Puedes repetirlo mentalmente o en voz alta a la vez que exhalas. Sentirás una tranquilidad instantánea.

Si estás acostumbrado a estar en un vórtice de estrés y ansiedad, sal de tu zona de confort y llévate a un lugar de paz.

♥ ♥ ♥

CUANDO RECONOCES Y CELEBRAS HASTA DÓNDE HAS LLEGADO, ELEVAS TU VIBRACIÓN.

♥ ♥ ♥

Aprecia y celebra la manifestación de tus deseos. Aprecia y celebra lo lejos que has llegado.

¿Cuántas veces hemos deseado algo con todo nuestro corazón y luego lo hemos visto hecho realidad? ¿Y cuántas de esas veces nos paramos a apreciar que está siendo, en efecto, una realidad?

La vida se compone de pequeñas cosas, no de grandes acontecimientos.

Claro que a veces hay nacimientos, bodas, graduaciones, aniversarios y momentos maravillosos en los que celebrar. Pero, generalmente, si ponemos la vida en una línea, los pequeños detalles llenan esa línea cada día. ¿Has tenido un buen día? Celébralo. ¿Te han felicitado en el trabajo? Celébralo. ¿Estás agradecido por tus hijos? Celébralo. ¿Te vas de viaje a un sitio que querías conocer? Celébralo. ¿Han pasado seis meses desde que te despidieron de ese trabajo que no te hacía feliz? Celébralo. ¿Has empezado ese curso que hace tiempo querías hacer? Celébralo. ¿Has decidido emprender? Celébralo.

Celebra tus pequeños triunfos, los de tu familia, los de tus amigos, los de tu pareja. Disfruta y celebra porque estar vivo es un acontecimiento. Celebra con una copa de vino, con tu cena favorita o brinda con café. Estar vivo es motivo de celebración.

SOMOS SERES DE LUZ

La ciencia y la espiritualidad cada vez se acercan más. Está científicamente comprobado: somos un cuerpo físico que realiza procesos biológicos y químicos. Somos seres electromagnéticos y, gracias a la ciencia, sabemos que poseemos un campo energético cuyo componente principal es la luz.

Si a simple vista pudiéramos observar nuestro campo energético o aura, sin necesidad de una cámara kirlian, constataríamos que, efectivamente, somos seres de luz.

Eres mucho más que tu cuerpo físico, eres mucho más de lo que puedes ver.

Si tu campo energético —tu luz— es infinito, ¿dónde crees que termina tu ser y dónde empieza el resto del mundo?

Todos somos rayos de la misma fuente de luz. Tú y yo somos uno.

No eres una gota en el océano, eres el océano en una gota.

Rumi

No eres un ser humano experimentando las maravillas del Universo. Eres el mismo Universo experimentando maravillosamente en una vida humana.

Una vida amada y abundante

La fábula de la vaca

La historia cuenta que un viejo maestro deseaba enseñar a uno de sus discípulos por qué muchas personas viven atadas a una vida de mediocridad y no logran superar los obstáculos que les impiden triunfar.

No obstante, para el maestro, la lección más importante que el joven discípulo podía aprender era:

Observar lo que sucede cuando finalmente nos liberamos de aquellas ataduras y comenzamos a utilizar nuestro verdadero potencial.

Para impartir su lección al joven aprendiz, aquella tarde el maestro había decidido visitar con él algunos de los lugares más pobres y desolados de aquella provincia.

Después de caminar un largo rato encontraron la que consideraron la más humilde de todas las viviendas.

Aquella casucha a medio derrumbarse, que se encontraba en la parte más distante de aquel caserío, debía ser sin duda alguna la más pobre de todas.

Sus paredes milagrosamente se sostenían en pie, aunque amenazaban con derribarse en cualquier momento. El improvisado techo dejaba filtrar el agua. Y la basura y los desperdicios que se acumulaban a su alrededor daban un aspecto decrépito a la vivienda.

Sin embargo, lo más sorprendente de todo era que en aquella casucha de diez metros cuadrados pudiesen vivir ocho personas. El padre, la madre, cuatro hijos y dos abuelos se las arreglaban para acomodarse en aquel lugar. Sus viejas vestiduras y sus cuerpos sucios y malolientes eran prueba del estado de profunda miseria reinante.

Curiosamente, en medio de este estado de escasez y pobreza total, esta familia contaba con una posesión poco común en tales circunstancias: una flacuchenta vaca que, con la escasa leche que producía, proveía a aquella familia de alimento.

Pero más importante aún: esta vaca era la única posesión material de algún valor con que contaba aquella familia. Era lo único que los separaba de la miseria total.

Y allí, en medio de la basura y el desorden, pasaron la noche el maestro y su novato discípulo.

Al día siguiente, muy temprano y sin despertar a nadie, los dos viajeros se dispusieron a continuar su camino. Salieron de la morada, y antes de emprender la marcha, el anciano maestro le dijo a su discípulo: «Es hora de que aprendas la lección que has venido a aprender».

El anciano sacó una daga que llevaba en su bolsa y degolló a la pobre vaca que se encontraba atada a la puerta de la vivienda, ante los incrédulos ojos del joven.

—Maestro —dijo el joven—, ¿qué ha hecho? ¿Qué lección es ésta que amerita dejar a esta familia en la ruina total? ¿Cómo ha podido matar a esta pobre vaca, que representaba lo único que poseía esta familia?

Haciendo caso omiso a los interrogantes del joven, el anciano se dispuso a continuar la marcha. Así, maestro y discípulo partieron sin poder saber qué suerte correría aquella familia ante la pérdida de su única posesión.

Durante los siguientes días, una y otra vez, el joven era confrontado por la nefasta idea de que, sin la vaca, aquella familia seguramente moriría de hambre.

Un año más tarde, los dos hombres decidieron regresar por aquellos senderos a ver qué suerte había corrido aquella familia.

Buscaron la humilde posada, pero en su lugar encontraron una casa grande.

Era obvio que la muerte de la vaca había sido un golpe demasiado fuerte para aquella familia, quienes seguramente habían tenido que abandonar aquel lugar. Y ahora, una nueva familia, con mayores posesiones, se había adueñado de aquel lugar y había construido una mejor vivienda.

«¿A dónde habrían ido a parar aquel hombre y sus hijos?, ¿Qué habría sucedido con ellos?». Todo esto pasaba por la mente del joven discípulo, mientras que, vacilante, se debatía entre tocar a la puerta y averiguar por la suerte de los antiguos moradores o continuar el viaje y evitar confirmar sus peores sospechas.

Cuál sería su sorpresa cuando del interior de aquella casa salió el hombre que un año atrás le diera morada en su vivienda.

—¿Cómo es posible? —preguntó el joven—. Hace un año, en nuestro breve paso por aquí, fuimos testigos de la profunda pobreza en que ustedes se encontraban... ¿Qué ocurrió durante este año para que todo esto cambiara?

El hombre relató cómo, coincidentemente, el mismo día de su partida, algún maleante, envidioso de su vaca, había degollado salvajemente al animal.

El hombre continuó relatándole a los dos viajeros cómo su primera reacción ante la muerte de la vaca había sido de desesperación y angustia.

Por mucho tiempo, la vaca había sido su única fuente de sustento.

El poseer esta vaca le había ganado el respeto de sus menos afortunados vecinos, quienes envidiaban no contar con tan preciado bien.

—Sin embargo —continuó el hombre—, poco después de aquel trágico día, decidimos que a menos que hiciéramos algo, nuestra propia supervivencia estaría en peligro. Así que decidimos limpiar algo del terreno de la parte de atrás de la casucha... Conseguimos algunas semillas y decidimos sembrar vegetales y legumbres con los que pudiésemos alimentarnos.

Después de algún tiempo comenzamos a vender algunos de los vegetales que sobraban. Y con este dinero compramos más semilla y comenzamos a vender nuestros vegetales en el puesto del mercado.

Así pudimos tener dinero suficiente para comprar mejores vestimentas y arreglar nuestra casa.

De esta manera, poco a poco, este año nos ha traído una vida nueva.

Una vida amada y abundante

EJERCICIO PARA VIVIR LA MAGIA DEL CAMBIO

Escribe una carta de lo que decides dejar ir, aquello que no quieres que te acompañe más en tu viaje a ser **tu mejor versión**.

A modo de ejemplo, yo escribí esta carta cuando terminaba el 2019, un año y una década. Y decidí conscientemente lo que quería que no me acompañara más.

Un año que acaba, una década que acaba. Dejo atrás las mentiras en mis relaciones. Dejo atrás todo el dolor, el ego, la tristeza, la baja autoestima, lo que me limita.

Con esa década acaba la falta de confianza en mí. Dejo atrás el miedo a ser yo misma y mostrarme auténtica.

Dejo atrás la mentalidad de carencia; dejo atrás las creencias limitantes que no me permiten crecer. Dejo atrás lo que me hace sentir que no soy suficiente, las personas que no me suman, lo que no me llena, situaciones, relaciones, hábitos que no me elevan.

Dejo atrás las enfermedades que yo misma he creado con mis emociones. Dejo atrás el hablarme desde el dolor y la exigencia que me resta. Dejo atrás el diálogo interno negativo de otros, que por falta de poner límites tomé como mío.

Dejo atrás el permitir a los demás que tomen las decisiones de mi vida por mí. Dejo atrás las veces que no he tomado el timón de mi vida.

Dejo atrás mi ego de víctima, dejo atrás el sentir y pensar que las personas me han hecho cosas y que tal situación es producto de tal otra. Perdono y acepto.

Dejo atrás la ambivalencia, la falta de enfoque, la falta de amor, de compasión y de compromiso.

Agradezco y dejo atrás lo que mi nueva versión no necesita más.

Te animo a que escribas la tuya propia; cualquier momento es bueno para decidir sin miedo lo que no quieres que te acompañe más. No te juzgues ni te culpes.

La vida sigue a pesar de tus miedos, a pesar de tus frenos, a pesar de que crees que las situaciones que te sucedieron en el pasado te definen. La vida sigue para ti y puedes cambiar siempre que te lo propongas, puedes volver a elegir, puedes empezar a construir una nueva historia desde el día de hoy.

Tú no eres las situaciones del pasado, tú no eres el dolor, tú no eres las lealtades a tu madre o a tu padre, o lo que decidió hacer tu hermano. La vida sigue para ti, para que empieces a crear un nuevo presente y un nuevo futuro. El Universo siempre cumple.

Brilla.

Que tus miedos y tus temores no frenen tu grandeza.

Tus miedos no permiten que muestres todo lo que tienes para dar. Quizás quieres pintar, quizá quieres cambiar de profesión a los cincuenta años y sabes que haciéndolo vas a ser mucho más feliz y vas a sentirte mucho más realizado, vas a revelar mucha más luz, pero no lo haces por el miedo a sentirte vulnerable o por el miedo a creer que puedes tomar una decisión equivocada. Hay mucha magia en el cambio.

Ningún dedo va a apuntarte cuando estés brillando con toda tu luz; serás tú el que viva con adrenalina el momento. Es a tu vida a la que le estás restando la posibilidad de vivirla al máximo y le opones resistencia desde una parte interna tuya, buscando la justificación que simplemente no existe o que está tapando tu grandeza y no te estás permitiendo **SER** cuando es precisamente lo que has venido a hacer

Las opiniones de los demás no te definen.

Para todas las *luces* que decidieron apagarse cuando yo estaba en la oscuridad:

Gracias por enseñarme que lo único que necesitaba era mi propia luz.

Carolina Duque

CAPÍTULO 3
SALTA Y APARECERÁ LA RED

¿Has sentido alguna vez que no encajas? En esa carrera por compararnos con los demás, nos sentimos constantemente presionados por terminar la universidad, por tener hijos, por encontrar un trabajo bien remunerado, por no quedarnos atrás, por demostrar que somos plenos. ¿Te has preguntado si es eso lo que te hace feliz a ti? ¿O si tu definición de felicidad va mucho más allá de lo que espera de ti tu familia, tus amigos o la sociedad?

¿Las motivaciones que te hacen sentir esa presión son intrínsecas: siempre han estado en ti o nacen de una profunda necesidad interior de dirigir tu vida hacia ese sitio? ¿O, por el contrario, son extrínsecas: es lo que dicta tu familia, tu grupo de amigos, tu entorno o la sociedad en la que estás viviendo?

La buena noticia es que puedes elegir cómo te hablas a ti mismo y rodearte de personas que saquen lo mejor de ti. Puedes buscar nuevos *hobbies*, juntarte con personas con tus mismos intereses. Tener certeza que absolutamente todas las relaciones que tienes están ahí para enseñarte algo. Y que una vez tú cambias, todas tus relaciones cambian.

Cuenta la historia que un rey tenía un asistente que, más que ayudarle, era desordenado, rompía las cosas, hacía poco y descansaba mucho. La gente le preguntaba al rey: «¿Por qué sigue teniéndolo a su lado después de tanto tiempo, si más que aportarle, le drena?». El rey respondió. «En realidad, nadie podría ayudarme más que él. Es la persona que me ayuda a ser paciente, a ser tolerante, a ser menos reactivo y más compasivo».

El hecho es que de todas las personas podemos aprender algo y todas las personas que están en nuestra vida lo están para que superemos algo. Lo bello está en encontrar la relación entre el contraste que nos generan y la enseñanza que nos dejan.

A los veintiocho años supe que no había conseguido conectar con casi nadie de forma genuina. Estaba huyendo de mí constantemente, no sabía escuchar mis necesidades, no me tomaba muy en serio, no sabía poner límites ni decir no.

Mi familia me veía como la persona que estaba siempre corriendo, sin tiempo para ellos. Estaba tan enfocada en esconder mi luz que solo podía conectar desde un lugar de oscuridad. Reconocí todas las inseguridades que había proyectado.

Fui tomando una serie de decisiones equivocadas que me desconectaban cada vez más de mi luz. Por diversos motivos, supe que estaba viviendo una espiral de carencia, amplificada por la vergüenza de no poder ser auténtica y el sentimiento de **no ser suficiente**: no ser suficiente buena mujer para tener una relación de pareja normal, no ser lo suficiente buena amiga para abrirme y entregarme, no ser lo suficiente buena hija para dedicar tiempo a mi madre, y un largo etcétera.

En ese atardecer de marzo en Punta cana, estábamos mis tres amigas y yo, con el mar hasta las rodillas, llorando, meditando, agradeciendo. Después de ese viaje, nunca seríamos las mismas. Estaba dentro del mar, con ellas, sintiendo un inmenso dolor y mucha tristeza. Esos sentimientos dolorosos que —ese día no lo sabía— preceden a la sanación y a la limpieza.

Fueron las amigas que cualquier mujer desea cuando se va a casar. Fuimos muy felices planeando lo que venía.

Lloramos cuando supimos que había terminado.

Bailamos, cantamos, reímos, nos transformamos.

Tenía a tres personas apoyándome y me sentía muy sola. En vez de agradecerles su apoyo y compañía, por mis inseguridades interpreté que estaba siendo juzgada por ellas debido a la decisión que estaba tomando. En realidad, eran el reflejo de todos mis juicios internos.

Mis miedos recurrentes, la falta de amor, de límites, la transformación de tener que dejar la vida que había vivido hasta ese momento y el espiral de victimismo en el que estaba enfocada me hicieron sentir que no podía contar con nadie.

Creamos aquello en lo que nos enfocamos. Cuando prestamos demasiada atención a algo, lo estamos proyectando constantemente en nuestras vidas.

Qué difíciles fueron los meses posteriores y cuánto les agradezco que hayan sido mis espejos. El Universo siempre tiene un porqué.

Ese día me comprometí a no darme nunca más la espalda, ni desconectarme de la luz interior.

Después de todo esto he tomado una decisión: **no dar tiempo a quien no me aporta valor.** Mis límites personales me impiden forzar relaciones, dar mi tiempo a situaciones que no me aportan valor o prestarme para crear energía negativa alrededor de una conversación. Por ejemplo, hablar negativamente de otras personas. Por sanos límites, decido no asistir a reuniones que no me aportan valor.

Acepto que no soy perfecta, acepto que cometo errores, soy vulnerable, soy humana. Acepto el lugar en el que estoy y acepto que hay relaciones que simplemente no me invitan a crecer. Así, en paz, y con amor, las dejo ir.

Cuando nos enfocamos en crear diferencia y separación dentro de nosotros, vemos diferencia y separación reflejada fuera. Cuando nos enfocamos en el amor, en la integridad, en ser luz, en compartir, en relaciones que nos alimenten y nos iluminen, todo esto se verá reflejado fuera. Es una ley universal: **como es dentro, es fuera**. Todo el amor, la sanación y la compasión que sentimos dentro se refleja fuera.

La próxima vez que te quedes atascado en la mentalidad de víctima porque tu círculo de amistades ha cambiado, recuerda: que una persona forme parte importante de tu vida hoy no quiere decir que siempre deba hacerlo. Esto no es negativo, somos extremadamente adaptables al cambio y cuando nosotros cambiamos de vibración, las personas a nuestro alrededor cambian.

La amistad, para unos, puede estar representada por la misma persona en diferentes etapas de la vida. Para otros, puede estar representada por diferentes personas en las diferentes etapas de la vida.

La vida es un constante cambio.

Un amigo puede apoyarte mucho en un momento, pero debido a tu proceso o a su propio proceso personal, el mismo amigo puede alejarse en otro momento, o no ser más tu espejo, lo cual no es ni positivo ni negativo.

Podemos ver a los amigos como olas, aprovechar las lecciones positivas de las olas que vienen y agradecer las enseñanzas de las olas que van. Queda en nosotros dar lo mejor siempre e intentar dejar en los demás una huella limpia y de amor.

Después de todo el dolor que sentía, una de mis formas de sanar fue empezar a poner distancia en todas las situaciones para limpiar la percepción. Estaba empezando a aprender qué me hacía daño y qué no. Por supuesto, el apoyo de mi familia en los tiempos de transición fue fundamental, pero quería aprender a darme lo que yo necesitaba y reconocer por qué los vínculos que había establecido —incluso con amigos— empezaban a parecerme tóxicos.

No puedes obligar a nadie a pensar como tú; es un gasto inútil de energía. Debes saber dónde depositar tu semilla y dónde no depositarla, y sobre todo, aprender a respetar el proceso del otro que vive la vida desde su espectro.

Vive tu proceso y concéntrate con paciencia en ser mejor y defender tu forma de vida con tus actos, sin querer demostrar nada a nadie, más que siendo fiel ti mismo y a tu verdadera naturaleza.

Vive de la forma en que decidas vivir, respetándote y respetando los puntos de vista ajenos. Si esos puntos de vista de los otros hacen que se alejen de ti o tú de ellos, quizás la relación no estaba para ser y eso está bien.

Aprendamos a fluir como fluyen las olas en el mar.

Mis relaciones eran mis espejos: estaba proyectando fuera de nuevo toda mi desconexión interna. Me di cuenta de que si proyecto en otro lo que no me gusta de mí, lo único que creo es separación. En ese momento divino supe que el Universo estaba trabajando a través de todas mis relaciones, sin excepción, para enseñarme una gran lección.

GRACIAS, UNIVERSO, POR ENSEÑARME LAS MEJORES FORMAS EN LAS QUE PUEDO ESCUCHARME, ENTENDERME Y CONOCERME.

GRACIAS POR MOSTRARME CÓMO PUEDO FORTALECERME.

GRACIAS POR DARME LA OPORTUNIDAD DE SANAR A TRAVÉS DE MIS ESPEJOS, POR ENSEÑARME EL CAMINO PARA PERDONARME ESAS VECES EN LAS QUE CREÍ HABERME EQUIVOCADO.

GRACIAS POR MOSTRARME CÓMO DEBO CUIDARME, POR DARME SIEMPRE LO QUE NECESITO Y POR PONER EN MI CAMINO A LAS PERSONAS ADECUADAS PARA PODER CRECER.

Pedí respuestas y el Universo no se quedó corto dándomelas, enseñándome, trayéndome luz acerca de las situaciones que me inquietaban, enviándome mensajes. Cuando estás atento, cuando apagas el ruido externo, te das cuenta de que el Universo te habla desde la boca de tus conocidos, por señales naturales o por encuentros —no— casuales.

Cuando eliges ver el amor en todo, empiezas a actuar con amor. La lección 155 de UCDM dice:

Me haré a un lado y dejaré que Él me muestre el camino.

Si confiamos en la guía del Universo, es necesario apartarse de las situaciones en las que no estamos cómodos, para que él se encargue de iluminarnos el camino. El despertar de la conciencia es nuestro mejor regalo. Recuperamos nuestra luz cuando seguimos la guía divina. El Universo siempre nos está mostrando el camino, aunque sea alejándonos de lo conocido. Si nos negamos a seguir su guía después de haberla pedido, puede ser que sigamos enganchados a relaciones o patrones tóxicos.

Pero el cambio de visión nos pide tomar una nueva decisión, permitir que sea el Universo el que nos muestre hacia dónde ir.

Me aparto con fe. Cuando salto, aparece la red.

Yo sentía que en todas mis relaciones había dado mucho. Estaba completamente drenada. De lo que no me estaba dando cuenta era que yo misma no me estaba dando el amor, la atención y la validación que necesitaba.

Había reconocido la espiral de toxicidad interna en la que estaba, con la cual no podía manifestar la amistad que deseaba. Tenemos miedo a ser auténticos y vulnerables, pero la autenticidad y la vulnerabilidad son muy potentes, nos ayudan a conectar desde un lugar de autenticidad. Entonces, empiezas a rodearte de amigos que te recargan, que te animan, que te escuchan, te acompañan y te suman.

Quería salir de esa espiral. Había pedido al Universo que me mostrara el camino y estaba meditando esa mañana con el *Om gam ganapataye namaha*, el mantra de Ganesha para remover obstáculos.

De repente, lo supe.

Lo bonito de la espiritualidad es que el Universo se encarga de todo una vez que decides hacerte a un lado y permitir que se te muestre el camino. Esos momentos en los que nos sentimos estar llegando a un punto de ira en el que definitivamente vamos a explotar, o cuando nos exaltamos y queremos renunciar a todo, o cuando la ansiedad no nos deja respirar, entregamos el timón al Universo y mágicamente se nos muestra el camino.

He descubierto que una de las formas en las que puedo ceder el timón para que sea el Universo el que tome el mando es no juzgar. Cuando juzgo creo separación. Quien juzga y ataca está pidiendo amor.

En el momento en el que me descubro juzgando, me paro, sea al principio o al final del pensamiento o de lo que esté diciendo. Me centro en la persona o las personas y pienso: «Te agradezco, te honro y te bendigo por todo lo que has logrado». Con esto anulo la energía negativa y envío amor.

Hablo y me hablo limpia y transparentemente. No doy nada por hecho. No juzgo, pues todos mis pensamientos tienen repercusión en algún plano (mental, espiritual, emocional). Lo que veo en otros es una proyección de mí.

CUANDO NO JUZGAS, ELEVAS TU VIBRACIÓN.

Si me quiero sentir amada, debo amarme primero. Si me quiero sentir valorada, debo valorarme primero. Si me quiero sentir tomada en cuenta, debo escucharme primero. Lo primero es tratarme de la forma que me quiero sentir tratada.

CONSEJOS PARA EL DÍA A DÍA

♥ No criticar, no juzgar, no comparar tu proceso con el de los demás.

♥ Entre más critico, más me desconecto de la energía de lo que quiero manifestar.

♥ Aprecia a quien te escucha y te entiende, quien se toma el tiempo para permitir que te expreses y hables de lo que piensas, quien te acompaña cuando has tenido un mal día; esas son las personas que te apoyan y te elevan.

♥ El mundo necesita más empatía, más escucha, más comprensión, más espacio.

♥ Aprecia a los maestros que te ayudan a ir hacia dentro para encontrar tu propia luz.

♥ La felicidad no se mide en lo que logras; la felicidad viene de dentro.

No compares tu proceso. Quizás, para ti, la felicidad es estar casado, tener hijos o una casa. Quizás, para el otro, su felicidad está en viajar o salir de fiesta. Hay personas que vinieron a ser padres, otras no. Hay personas que vinieron a casarse, otras no. Hay personas que vinieron a terminar una carrera a los veinticinco años y otras a dedicarse a lo que aman y no estudiar.

Todos los seres del mundo no podemos recorrer exactamente el mismo camino. No compares tu camino.

La realidad de cada persona es diferente, la situación de cada persona es diferente, la mentalidad en cada situación es diferente. Tu realidad es diferente a la de todas las personas que están ahí fuera.

Puede ser que, a veces, nos cueste comprender que cada persona tiene los motivos para vivir la vida en la forma en la que desea, que la verdad no es solo una y que formas para vivir la vida hay tantas como personas en el mundo. Nos cuesta a veces entender y ponernos en los zapatos del otro cada vez que toman una decisión con la que tal vez no estamos de acuerdo. Cada persona tiene su propia realidad, su pasado, sus recuerdos, su educación, su familia, situaciones propias que ha vivido.

Aquí radica el respeto.

El punto de vista depende de la situación en la que se encuentre cada uno, en el momento en que se encuentre cada uno. La felicidad es interna. Lo importante no es la situación en sí; es el punto de vista y la actitud con la que nos enfrentamos a la situación.

La razón no la tienes tú, la razón no la tengo yo.

Tu vecino no es más afortunado que tú, ni tú más afortunado que él. Depende de en qué punto decides situarte.

¿Decides situarte en el punto de vista de la víctima, del que se compara, del carente? ¿O decides disfrutar de lo que tienes y hacer lo mejor en medio de tus circunstancias?

Siendo nosotros mismos no intimidamos a nadie. No somos responsables de cómo los otros se quieren sentir. Somos responsables de cómo nos sentimos nosotros mismos.

El camino para nosotros sentirnos mejor es actuar con amor.

El hecho de que sepamos gestionar bien nuestras emociones no nos exime de sentirlas. Podemos aprender a sentir el dolor, la ira y la frustración, pero a la vez no identificarnos con esa emoción.

Cuando pierdes el control de ti mismo, cuando dejas que sea el ego el que lleve el timón, cuando te victimizas, culpas, juzgas, sale lo peor de ti en petición de amor.

Espero que mi historia te ayude a entender lo fácil que es dejar de compararte, de proyectarte y de sufrir una vez que decides centrarte en tu propio proceso y dejar que sea el Universo el que te muestre el camino.

Cuando dejas de enfocarte en el exterior y te enfocas en tu crecimiento espiritual, la honestidad y la sinceridad contigo mismo llegan de forma natural. Después, esa misma honestidad se extiende a los demás. Tu luz se refleja no solo en lo que dices, también con tus actos. Cuando limpias tu energía de expresión interna, tu poder comunicativo expresa de forma cristalina tus pensamientos y sentimientos, que son también recibidos con sencillez y amor. Cuando conectas con el amor no estás a la defensiva; aprendes a escuchar.

Tenemos una boca y dos oídos para escuchar el doble de lo que hablamos. Como en el proverbio: «Lo que dices vale una moneda; lo que callas vale dos». Si lo que vamos a decir no es positivo, ni constructivo, ni está basado en una verdad, intentemos no decirlo. Esto es importante, porque si nos comunicamos de forma clara, las respuestas y las manifestaciones también vendrán a nosotros de forma clara.

Hay un ejercicio que me ha ayudado mucho en momentos en los que lo primero que se me viene a la mente es responder con un juicio o con un ataque:

La regla de los veintidós minutos

Cuando recibimos un mensaje, una llamada, un email o un comentario, antes de responder, esperemos veintidós minutos.

Cuando sintamos que estamos siendo atacados, esperemos veintidós minutos antes reaccionar.

Cuando alguna influencia externa nos pone ansiosos, en ese espacio de tiempo de veintidós minutos estamos dando oportunidad a que llegue la tranquilidad, la claridad y a que surjan otro tipo de respuestas. Ese tiempo puede ser válido para aprender a pedir perdón, agradecer, defender nuestra postura desde un lugar coherente, civilizado y amoroso.

Respirar antes de reaccionar te puede salvar. Esa pausa que tomas entre el momento de exaltación y la forma de reacción es lo que hace la diferencia.

Si te hicieras la pregunta: ¿Cómo quisiera yo que mi mejor versión actuara? La respuesta internamente va a ser siempre la misma: desde el amor.

Esos episodios de ira, de responder explosivamente de forma automática, combinados con malestar físico, estrés, herpes o infecciones renales, para mí son un recuerdo y fueron grandes maestros. Sin ellos no hubiera podido aprender que esa no es la forma en la que quiero vivir. Sentí un gran alivio al ver cómo el Universo me estaba mostrando el camino a través de todo lo que yo creía que me disgustaba de los demás. Mis lecciones aquí fueron:

1. Saber que la ley del karma actúa todo el tiempo: lo que doy siempre vuelve.

2. Aprender que puedo poner sanos límites.

3. Ver en todos a grandes maestros.

Al terminar este libro han pasado más de dos años en los que no he tenido ninguna reacción extrema. Si me frustro o me enfado, espero para tener otro punto de vista sobre mis emociones. Yo he aprendido, por amor propio, a modificar mis reacciones. Si tú quieres, ¡tú también puedes!

Debido al curso natural de la vida, las personas que no estaban alineadas con la persona que yo estaba aprendiendo a ser en ese momento, las personas que me valoraban menos, las personas que me juzgaban más, fueron tomando un camino en la vida y yo otro. Se llenó mi vida de un círculo mucho más enriquecedor y alineado con la persona que soy hoy.

Puede resultar difícil escoger la luz cuando estamos envueltos en un drama personal. Pero siempre puedo elegir cómo me quiero sentir o dónde posicionarme y reaccionar antes de responder:

Elijo reinventarme, crecer, aprender.

Cuido mis recursos más preciados: mi tiempo, mi atención y mi energía. ¿Qué es dar? Es el acto más noble:

Dar tu tiempo al acompañar.

Dar atención al escuchar.

En el acto de dar con integridad, estás recibiendo más. Lo que das a otro te lo das.

Cuando empiezas a vibrar alto, tu intuición se fortalece. Las energías de los demás te afectan más. Por eso, busca tener en tu círculo personas que afecten tu energía de forma positiva.

Ten la certeza de que todo se te presenta para tu mayor bien. Los espejos te están reflejando lo que debes sanar en ti. El Universo siempre cumple.

Que la luz del amor resplandezca a través de ti en esta experiencia.

Hoy es el mañana que imaginabas ayer.

Lo que te preocupaba en el pasado ya no es (tan) importante.

¿De qué quieres que esté orgulloso tu «yo» futuro?

Está en tus manos empezar hoy y crear para ti mismo algo mejor. Lo que hoy te duele, mañana habrá pasado.

No tomes nada personal. Nadie te hace nada. Las personas hacen lo mejor que pueden, con lo que saben en cada momento.

Valora, disfruta, agradece.

> **KARMA**
>
> El karma es energía que no se crea ni se destruye; se transforma. Representado en todas las culturas, religiones, niveles de consciencia, significa que todas nuestras acciones tienen una consecuencia.

Lo que viene, va.

Ley de causa y efecto.

Lo que siembras recoges.

No hagas lo que no quieres que te hagan.

La ley del Karma es **la ley de la causa y el efecto**. Lo que damos a los otros regresa. Cada vez que observas las decisiones que tomas y las traes a la conciencia, eliges ver el amor del Universo. Cada vez que te preguntas: «¿Cuáles son las consecuencias de mis decisiones?», abres la puerta a tu corazón. Cuando la respuesta es la paz, estás siendo guiado por el amor. Cuando la respuesta te trae malestar, puedes volver a elegir.

LECCIÓN DE KARMA

Cuando un pájaro está vivo, se come a las hormigas. Pero cuando el pájaro muere, las hormigas se lo comen a él. El tiempo y las circunstancias pueden cambiar en cualquier momento. No subestimes ni lastimes a nadie porque hoy puedes sentirte poderoso. Recuerda que el tiempo es más poderoso que tú y siempre pone a cada cual en su sitio. Se necesita solo un árbol para hacer un millón de cerillas y solo una cerilla para quemar un millón de árboles. Sé bueno y haz el bien.

Si algo te molesta, te disgusta o te frustra, mira hacia dentro. ¿Qué estás dando? ¿Qué estás sacando? ¿Qué estás mostrando o permitiendo para que sea eso lo que se te está presentando?

Siempre es importante mirarse a uno mismo, hacer autoanálisis; porque si todo empieza y acaba en mí, yo soy la causa de todo efecto.

Si cuando yo cambio mis pensamientos por unos más positivos, la vida empieza a traerme experiencias positivas, vibraciones positivas, personas positivas y situaciones positivas. Tengo la capacidad de crear la vida que quiero vivir.

Comencemos volteándonos a ver, dándonos cuenta de por qué actuamos de una forma u otra, conocer lo que nos estalla, lo que nos calma, lo que nos activa, lo que nos hace tomar acción y lo que nos hace mantener buscando las cosas que amamos, pero sobre todo miremos dentro para conocernos.

Puedes medir tu madurez espiritual con tu autoconocimiento; es la herramienta clave para conectar con esa parte tuya capaz de manifestar y de crear. Tienes la capacidad de despertar tu mejor versión. Es fundamental reconocernos, saber dónde nos ayudamos y dónde nos saboteamos, cuáles son nuestros puntos fuertes y en qué fallamos, saber cómo nos cuidamos y qué nos estamos dando, y saber en qué punto de la vida nos encontramos (reconocer que estamos en A) antes de tomar la decisión de transitar el camino a nuestra mejor versión (para poder ir a B).

Recuerda esto siempre:

Todo empieza y acaba en ti.

Cuando tú cambias, todo cambia.

EJERCICIO
CONÓCETE A TI MISMO

Respóndete estas preguntas franca y honestamente, y sabrás más acerca de ti mismo. Te ayudará a ver si eres tú quien está en medio de tu propio camino, si eres tú mismo la barrera que no te está permitiendo tener mejores relaciones con los demás.

1. ¿Cómo puedo servir? ¿Cómo puedo ayudar?
2. ¿Me estoy autosaboteando en mis esfuerzos?
3. ¿Estoy dejando para después lo que me hace bien?
4. ¿Estoy vulnerando mis límites para complacer a otros?
5. ¿Estoy conectando con los demás desde un lugar limpio y de amor?
6. ¿Actúo con los demás desde la integridad y sin intereses ocultos?

Hoy decido conscientemente tener relaciones sanas en todos los niveles, ver qué es lo que estoy poniendo fuera y conectar desde un lugar auténtico.

Si actuamos con amor, el Universo nos devuelve amor.

Todo empieza *contigo*. Si algo no merece tu energía, déjalo ir.

Cuídate a ti y haz de tu felicidad tu más alta prioridad.

Carolina Duque

CAPÍTULO 4
DESPIERTA TU NATURALEZA DIVINA

No todos los cambios positivos se sienten positivos desde el principio. Lo que sí llega después del cambio es un gran alivio: disfrutas de sentirte bien, te enfocas en lo positivo y reconoces lo bueno y lo bello de la vida.

Sé que entiendes lo que significa no **sobreidentificarte** con el cuerpo. Pero debemos reconocer que, a nivel energético, pequeños cambios externos significan grandes cambios internos: desde crear nuestros propios rituales o cambiar de casa o de trabajo, hasta donar cosas, cambiar el color del pelo y obligarnos a sonreír por un minuto al día… Todo ello puede hacernos cambiar nuestra energía y emociones.

Tenemos el don de la neuroplasticidad. Nuestro cerebro cambia de estructura física y de organización funcional y se va moldeando conforme cambiamos nuestros pensamientos. Al cambiar nuestros pensamientos negativos por otros de bienestar y abundancia, cambia nuestro cerebro, nuestros hábitos y nuestro mundo entero.

Nuestra resistencia a realizar las cosas de forma diferente nos mantiene en el mismo lugar físico y mental. No podemos esperar cambios si siempre hacemos lo mismo. Puedes estar tranquilo: si nunca haces nada diferente, probablemente nunca te pase nada malo, ¡pero tampoco nada bueno! La vida está esperando a que nos decidamos cambiar.

DESEO QUE CONECTES CON EL AMOR.

Conforme comiences la práctica de rendirte al proceso y al plan mayor del Universo, empezarás a cambiar hábitos, reacciones y decisiones, por lo que de verdad sirve a tu evolución personal. Verás mucho más progreso en tu proceso y recorrerás el camino con más confianza y luz. Sabrás la importancia de no sacrificar lo que verdaderamente merece la pena por tener satisfacción momentánea. Empezarás a notar que lo más importante es lo que de verdad sirve a la evolución de tu alma, y aunque las enseñanzas más grandes las recogemos estando en relación con los demás seres, solo tú puedes hacer tu parte del trabajo para evolucionar y para vivir una vida amada y abundante.

El secreto del cambio es enfocar toda tu energía no en la lucha contra lo viejo, sino en la construcción de lo nuevo.

Sócrates

Un gran obstáculo para alinearnos con la guía del Universo es desear la vida, la situación o el proceso de otras personas. Nunca sabemos por todo lo que realmente han tenido que pasar, las luchas o batallas intensas que han tenido que enfrentar. Puedes ver a una pareja que aparentemente es feliz, amorosa, que se cuidan y se complacen mutuamente. Nunca sabes lo que hay dentro, las batallas, las heridas, los momentos, las situaciones y las diferencias que viven.

Albergar sentimientos de no ser suficiente o desear la vida de otros impide que la magia del Universo entre en tu vida y, por lo tanto, te niega la posibilidad de vivir una experiencia gratificante y maravillosa.

Si vienen pensamientos de comparación, lo mejor que podemos hacer es enviar buena energía a esa persona, lugar o situación:

Te honro, te bendigo y agradezco de corazón todo lo que has logrado.

A una de mis clases sobre amor propio llegó una vez Leticia, una chica que sentía recelo al ver a otras parejas felices. Estaba completamente centrada en el proceso ajeno y se le hacía imposible aceptar las lecciones dentro de las situaciones difíciles que había tenido en su vida. Cada vez que se lamentaba por sus circunstancias, estaba reproduciendo un sentimiento negativo que se reflejaba en una terrible insatisfacción. Se entregaba sin límites y salía drenada de sus relaciones; luego se victimizaba y empezaba otra vez con otra pareja sin darse el tiempo de sanar. Había entrado en una rueda de no sentirse suficiente, entregarse sin límites, decepción, frustración y envidia. Esos sentimientos negativos venían como consecuencia de una gran culpabilidad, por sentir que tenía treinta años y no había podido sostener una pareja estable, lo que le hacía compararse cada vez que veía a otras personas felices en pareja. Se había desconectado totalmente del amor y estaba reproduciendo una energía negativa constante alrededor de sus experiencias.

La envidia y la frustración le estaban impidiendo tomar acción para trabajar en sí misma y poder tener relaciones satisfactorias. Si cambiamos los sentimientos negativos por agradecimiento a las lecciones recibidas y nos centramos en hacer el trabajo interno, el Universo nos mueve de lugar, empezamos a fluir alineados. Entonces, nuestro trabajo tiene que ver con apreciar el lugar en donde estamos y ver qué podemos soltar nosotros para poder sostener lo que sí queremos.

Cuando te comparas, en vez de enfocarte en tu proceso, estás alejando la manifestación de tus sueños.

La envidia es como si pateara una piedra: solo me hago daño yo.

En vez de reproducir esos sentimientos, Leticia decidió adoptar el mantra: «Te honro, te bendigo y agradezco de corazón todo lo que has logrado».

También le propuse a Leticia empezar a conocer mejor sus límites.

EJERCICIO

¿CUÁLES SON TUS LÍMITES?

Escribe tres cosas que no aceptarías de ninguna manera:

- Con tu pareja,
- Con tus amigos,
- Con tus padres,
- Con tus hijos.

Ahora, con los mismos grupos de personas, escribe tres cosas que no aceptas, pero que podrías llegar a tolerar en cierto grado.

Es importante tener claro hasta dónde estamos preparados a aceptar, o las situaciones de las que nunca formaríamos parte.

Si eres una persona que tiene claros sus límites, ¡enhorabuena!

Si eres de las personas que aún no sabe cómo establecer límites, te invito a escribirlos.

Para Leticia también fue un ejercicio sanador y le enseñó mucho de sí misma, de sus pilares fundamentales y de lo que era aceptable bajo su perspectiva y lo que no. Tiempo después, me escribió para decirme que empezar a poner límites en sus relaciones le hizo conocerse mejor y a centrarse en su proceso, en vez de estar pendiente del proceso de otros.

Para poder dar a los otros nuestra mejor versión, debemos primero trabajar en conocerla y ser primero, para nosotros mismos, nuestra mejor versión.

Establece tus límites.

No temas tener claro lo que aceptas y lo que no. ¿Sabes qué no te harías a ti mismo porque sabes que te hace daño? ¿Qué no tolerarías nunca en un trabajo, en una amistad o en una relación? ¿Qué es lo que no quieres que te hagan o lo que no harías a otros? Establece tus límites, y si alguien te juzgase, esa persona estaría juzgando desde su propia falta de límites.

La base del amor propio está en establecer sanos límites de lo que no toleras o hasta donde sí toleras. Establece tus límites y, además, respétalos; así enseñas a los demás cómo tratarte.

Cuando adquieres claridad en tus límites y expectativas, estás demostrando a los demás que sabes lo que quieres y que tu amor propio no te permite llegar más allá ni permite a los demás instalarse en un lugar que te hace daño. Ganas tranquilidad, paz mental, relaciones más saludables basadas en el apoyo y la habilidad de estar presente para lo que es realmente importante.

Cuando sobrepasas tus límites o permites que alguien más lo haga; cuando complaces a otros aun sin querer y por ello te frustras, te agotas y te preocupas, estás drenando tu amor propio.

Toma espacio, siéntete libre de decirle al otro: «Esto no me gusta; no me lo hagas». Di lo que piensas siempre, sé amable pero dilo. Sé fiel a tus principios y no hagas lo que no tienes intención de hacer. Puedes creer que por decir cuáles son tus límites y tus prioridades los demás van a dejar de apreciarte. Cuando actúas por amor propio sucede todo lo contrario.

Empieza poniendo pequeños límites en lo que puedes dar o tolerar. Verás cómo sucede la magia.

Los sanos límites los pones cuando te valoras, te respetas, te cuidas, te alimentas bien.

Cuando respetas tus límites, como por arte de magia los demás también empiezan a apreciarlos.

Establece sanos límites por tu cuidado propio. Si no duermes bien, no puedes rendir en tu vida. Si no te alimentas bien, no puedes vibrar alto. Si no te ejercitas, no tienes claridad mental.

Debes tenerte antes de darte.

Si sabes que estás bien contigo primero, estarás bien para los demás. Si te tienes a ti y te cuidas a ti, desde ese amor propio, puedes escuchar al otro, acompañarle, ser luz. Pero primero debes honrar tu propio vehículo.

Sanos límites no son egoísmo. Cuando los has establecido con integridad, son la estructura de tu amor propio.

FORMAS DE DECIR «NO»

- Me temo que no puedo.
- Esto no funciona conmigo.
- Yo esta vez paso.
- Tal vez en otro momento.
- No, gracias.
- Mi agenda está completa.
- Lo siento, no puedo ayudar en esta ocasión.
- No puedo, pero gracias por tenerme en cuenta.
- No.

Empieza hoy, en el punto en que estás y con lo que tienes. Da igual si tienes veinte, treinta y cinco o sesenta años. El momento en el que estés es el momento perfecto para comenzar a dibujar la historia de vida que quieres vivir. Escoge ser feliz con lo que tienes hoy. Disfruta de los momentos cuando suceden; no esperes para disfrutar del recuerdo.

Nadie puede hacerte sentir mal, triste, enfadado, disgustado o frustrado si tú no lo permites. Todos pueden golpear a tu puerta; tú decides quién entra.

La falta de amor propio se evidencia, en gran medida, cuando tenemos fuertes sentimientos de inseguridad, soledad, miedo, enfado, vergüenza o culpa. Es posible que, ante las dificultades, tu respuesta sea la de sentir lástima de ti mismo. Te percibes como un niño impotente que debe resignarse a las situaciones negativas, sin poder hacer nada al respecto. No has descubierto que cuentas con recursos para enfrentar situaciones adversas. Que lo importante no es lo malo que ocurre, sino cómo lo recibes y qué curso le das.

Si dejaras de lamentarte por ti mismo y te dedicaras a pensar en que siempre estás siendo guiado hacia donde quieres estar, descubrirías que incluso los peores momentos son también grandes oportunidades.

Al desconectarte de tu amor propio, te cuesta valorar los logros que obtienes. Si siempre estás lamentándote y pensando que debes alcanzar más porque donde has llegado no es suficiente, estás tendiéndote una trampa inconsciente para quedar siempre en deuda contigo mismo. No te permitas desconectarte de tu amor propio hasta tal punto de que nada de lo que hagas te sea suficiente ni valioso. Felicítate por cada paso que des. Las grandes metas están construidas de pequeños pasos.

Puede ser que hayas escuchado en algún momento de tu vida que no te mereces esto o aquello y tú lo hayas tomado como un decreto personal. Son tus creencias las que te están limitando desde tu subconsciente y es por eso que no obtienes los resultados que quieres.

Cuando eres tú quien habla mal de ti mismo, no te estás haciendo ningún favor. No es señal de humildad, ni de reconocimiento de tus errores. Descalificarte es estar atrapado en el lugar de la víctima, en esas críticas del pasado y que ahora usas para no olvidar que, aparentemente, no tienes derecho de mirarte de otra forma.

GRACIAS, UNIVERSO, POR ENSEÑARME LA CAPACIDAD QUE TENGO DE CAMBIAR EN CADA MOMENTO.

GRACIAS POR GUIAR MI CAMINO HACIA UNA VIDA PLENA. SOY MUCHO MÁS QUE TODO AQUELLO QUE ME DIJERON.

PERDONO MIS PENSAMIENTOS DE COMPARACIÓN Y ACEPTO QUE TENGO UN POTENCIAL INFINITO.

Absolutamente todo es temporal. Absolutamente todo cambia y amén porque sea así siempre, porque tengamos la oportunidad de seguir trascendiendo y evolucionando, porque la vida no se hizo para ser vivida de forma estática y sin curiosidades, porque la vida es una gran oportunidad para descubrirnos, para conocernos, para conectarnos con los demás, con nuestros maestros y con la divinidad, y es solo abriéndonos al cambio como podremos descubrirnos de diferentes formas.

♥♥♥

CUANDO ACEPTAS TU PROPIO PROCESO Y ACEPTAS QUE TODO LO QUE HAS VIVIDO HA HECHO QUE ESTÉS HOY AQUÍ, ELEVAS TU VIBRACIÓN.

♥♥♥

Lo único que no cambia es el cambio mismo. Cuando consigas absolutamente todo lo que quieres hoy y seas totalmente feliz, ¿qué vas a hacer? ¿Congelas el momento para que no surja ningún imprevisto que ponga a prueba la felicidad impoluta en la que vives? De eso no se trata la felicidad; se trata de escoger ser feliz aun cuando surjan momentos difíciles.

Todo cambia. La mayoría de las cosas que te preocupan ahora en un año no serán tan importantes. Ten fe, ¡porque el Universo siempre cumple!

El mundo no necesita más gente exitosa. Sí más gente sensible, comprometida, amorosa, transparente, que hable positivamente, que vibre y piense bondadosamente

Para conectar con la energía Universal debemos aprender a aceptar las cosas como son hoy. A esa parte de mí que le gusta racionalizarlo todo, le cuesta aceptar que el pasado era perfectamente lo que necesitaba en cada momento. La aceptación no me gustaba especialmente, pero entendí que es la única forma de rendirme a la magia y conectar con el amor. Era la única forma de bajar las revoluciones y conectar con el potencial de lo que viene, que es siempre lo mejor.

No estoy diciendo que aceptar nuestro pasado sea siempre fácil. La aceptación radical del pasado y de la forma en la que sucedieron las cosas puede, al principio, no gustarnos. Pero cuando aceptamos que las cosas fueron exactamente como necesitábamos para poder evolucionar, podemos percibir todo el dolor del pasado como el mayor catalizador del cambio y el mayor conector con los milagros. La aceptación nos invita a alinearnos con el flujo amoroso del Universo y nos invita a agradecer que todo fue perfecto tal como fue, porque todo lo que hemos vivido nos trajo hasta donde estamos hoy, porque cada persona hizo lo mejor que podía y lo mejor que sabía en ese momento de su vida y porque no hay culpables.

No hay culpables; hay personas responsables de diferentes situaciones.

En cada situación de la vida en la que me he visto envuelta, yo he tenido la mitad de la responsabilidad SIEMPRE. Esto es innegociable, incluso en lo que parece «que me han hecho otros» yo he tenido la mitad de la responsabilidad porque he permitido que la situación fuese así y no de otra manera.

Después de la aceptación radical del pasado, llega la aceptación radical del momento presente, porque es lo que necesitas ahora mismo para revelar todo tu potencial.

La ley espiritual del desapego nos recuerda tener consciencia del instante presente. Desapegarnos de lo que creemos que debe ser o de lo que debió haber sido y aceptar que la vida es un constante cambio. Desapegarnos de cómo deben ser los demás y permitirles que simplemente sean. Podrás ver en ti un gran crecimiento a nivel espiritual cuando te veas desapegado a la necesidad de forzar que los problemas se resuelvan.

El desapego nos invita a abrazar la incertidumbre.

Cuando ves la vida desde una perspectiva desprendida, te llega un sentimiento de aceptación: aceptar que la incertidumbre es un componente esencial de la vida. El desapego y el aceptar la incertidumbre nos ayudan a abrirnos a cualquier posibilidad que pueda llegar. Sufrimos por el apego a las cosas, a las personas y a la vida misma. En el momento en el que liberamos el apego y la necesidad de controlar, todo sucede de un modo más tranquilo, más alineado. El apego a las cosas nos genera ansiedad por perderlas. Si soltamos los apegos, fluimos con la sincronicidad, aceptamos que la vida puede ser diferente y nos abrimos a la fuerza creativa y al poder creador del Universo.

Cuando quiero fluir con el cambio, me recuerdo que lo único que se mantiene en la vida es el cambio. Me gusta escuchar el mantra *Sa ta na ma* cuando estoy pasando por momentos de transición. Es el mantra del cambio, del ciclo de la vida y la muerte (la transformación). Si escuchas o repites este mantra, te incrementará la intuición y reducirá los pensamientos negativos o de incertidumbre cuando estés llevándote a hacer cambios.

Acepto que mi felicidad y mi estabilidad no están en el amor o en el apoyo de los otros. Me amo, me escucho, me cuido, me apoyo y me acepto. Escucho mi cuerpo. Las enfermedades, los dolores y las reacciones físicas anormales son la voz de nuestro cuerpo. Son gritos físicos para que atendamos algo interior que está desatendido porque «como es dentro, es fuera». La voz de nuestro cuerpo nos habla para que atendamos bloqueos —energéticos, emocionales y psicológicos— que somatizamos en el cuerpo y que con el tiempo emergen porque necesitan ser atendidos.

En el libro *Usted puede sanar su vida*, de Louise Hay, puedes encontrar la raíz interna de cada problema físico. Cuando el cuerpo nos habla a través de enfermedades, es el último indicio de un estado interno que ha querido salir de varias maneras, pero no se lo hemos permitido y, finalmente, se instala en forma de molestia, esperando ser atendido.

Si estás haciendo el trabajo de conciencia, es importante reconocer que no hay ningún beneficio en el acto de quejarte, culparte o considerarte víctima. Mientras inviertes tu tiempo en quejarte, culparte o victimizarte, estás evitando tomar responsabilidad. Empieza a tomar responsabilidad por las cosas no tan buenas que ocurren.

Tú, por medio de acciones conscientes o subconscientes, has invitado a personas, momentos y situaciones difíciles a tu vida, para enseñarte dónde te duele y para ayudarte a sanar y a trascender. Este cambio de conciencia te permite reconocerte como creador de tu vida y de todo lo que experimentas en ella. Cuando reconoces tu parte en lo que sucede y dejas de culpabilizar al otro, cuando aceptas la responsabilidad de la situación, se debilita tu ego. Esa es la verdadera transformación.

Lo proactivo es siempre enfocarte en el amor propio, reconectar contigo, dar atención a lo que en verdad importa, centrarte en tu proceso.

Comenzamos a victimizarnos cuando nuestra necesidad de ser amados eclipsa nuestra necesidad de ser respetados.

Todos somos uno: mi relación no es contigo; es conmigo a través de ti, me estoy ayudando a través de ti, estoy ayudando a recordar quién soy a través de tu espejo y también a ver lo que no soy. El «otro» es un recordatorio de quiénes somos nosotros. El otro ha sido puesto ahí por el orden divino, para que yo vea en él lo que tengo dentro de mí: lo que no me gusta y he de cambiar, o lo que amo de mí y he de cultivar.

Todas las relaciones son espejos.

Veo en ti lo que yo soy, me reconozco en ti y tú en mí.

El mayor regalo es ver, poder transitar el camino siendo conscientes del proceso y de las lecciones del día a día. Para empezar a brillar con tu luz, debes elegir soltar la oscuridad.

Pensamos que tenemos que atacar para conseguir algo y que eso nos hará sentir mejor. Creemos que debemos hacer algo siempre, que hay que responder absolutamente a todos los estímulos que se nos presentan. Pensamos: «Si alguien me ha herido, ¿por qué no voy a responderle con otra agresión? ¿O mejor le respondo con una mirada de desprecio para sentirme superior?».

Recuerda la regla de los veintidós minutos y practica la indefensión. No presentes respuesta de vuelta, permite que el ataque del otro se diluya en el aire tal y como llegó. Si el otro me ataca, está pidiendo amor. Yo elijo conscientemente que su ataque no me afecte. No me defiendo. Tan solo suelto, lo dejo ir y confío en que la fuerza superior pondrá la energía de nuevo en su lugar.

Puede ser que durante tu transformación haya gente que también cambie contigo. Todas las personas están en su propio proceso. Algunos van a compartir que tú busques tu camino; otras, no tanto. Que eso no te impida ser feliz. Estás recorriendo tu propio camino, sin intención de dañar a otros.

Busca tu felicidad. Buscas tu camino y elige actuar con amor. Conecta con la guía del Universo para que todo se dé siempre de acuerdo al orden perfecto y en armonía con todos los seres.

Que cada uno haga lo que le dé felicidad, siempre que no se haga daño a sí mismo, ni a nada, ni a nadie más.

Vivamos en libertad: la libertad que nos permite revelar nuestra mayor luz.

Adoptemos el hábito de decir las cosas buenas a los demás. ¿Por qué no mostrarles lo que nos gusta de ellos? Es fácil quejarnos de lo que no nos gusta de los otros. Sin embargo, hagamos cumplidos a los demás que no tengan nada que ver con cómo lucen o con su apariencia:

- ❖ Me gusta pasar tiempo contigo.
- ❖ Me gusta tenerte cerca; tu energía es muy positiva.
- ❖ Estoy orgullosa de tu crecimiento.
- ❖ Tú me inspiras.
- ❖ Eres muy bueno escuchando.
- ❖ Estar contigo me recarga.
- ❖ Agradezco que estés en mi vida.

Esta es otra forma de encender la luz de los demás: inspira a alguien más a querer ser también la mejor versión de sí mismo. Quizás tus hermanos, tus padres, tus hijos o tu pareja están siendo inspirados por tus gestos amorosos dirigidos hacia ti y tu mundo.

El amor que das (y que te das) es el inicio de una oleada amorosa de superación y de sanación.

Lo que haces con amor se expande. Si lo intentas, lo sabrás.

No importa en qué punto de tu transformación te encuentres. En el momento en que entiendes que eres tú el que creas tu realidad y el que da vida a tus experiencias, empiezas a juntarte con personas, hacer cosas, adoptar hábitos y a ir a lugares que están más alineados con la persona que quieres ser. Cuando vibras por lo que quieres atraer, el Universo se prepara para darte lo que crees merecer.

Hoy tenemos la capacidad de conectar con personas de cualquier parte del mundo. Este es un momento de trabajar juntos, de crear comunidad, de aprender de las nuevas experiencias, de levantarnos los unos a los otros. No es un momento de juicio, de ataque, de comparación o de separación. El Universo no respalda esas energías. El Universo respalda la energía de unión, de conexión, de compasión, de compartir, del amor. El Universo te está esperando para que conectes desde el fondo de tu corazón con el TODO, porque somos UNO.

El Universo está esperando para que, al conectar, te dejes enseñar el camino, para que compartas, para que puedas trabajar de la mano de otros.

Hoy, buscamos conexiones «más reales»: quedar para tomar un café, sin una pantalla en medio y mirar al otro a los ojos. El juicio, la comparación, la envidia y la separación nos alejan de la posibilidad de avanzar. Tomémonos —física y energéticamente— de la mano de los demás. Hoy es un momento colectivo de amor, de unión, de apoyo intenso e inmenso. De compartir.

Estamos más conectados que nunca. La conexión que tenemos a través de la tecnología no se compara con la conexión tan poderosa que tenemos al nivel del corazón, de la vibración. Sintamos esa conexión y no la comparación. Sintamos el compartir y no el dividir.

Hemos encarnado en este momento colectivo para levantarnos como grupo, no como seres individuales. Hemos encarnado en este momento colectivo para aprender a sentir más que nunca que **todos somos uno.**

Las personas con la mente abierta no imponen a los demás sus creencias. Ellos aceptan que pueden existir otras formas de vivir. Ellos aceptan sin juzgar, solo observan pasar, están abiertos a aprender a recibir y a conocer.

Este es un momento en el que todos podemos aprender a abrir nuestra mente, a observar sin juzgar, a escuchar sin defender, a expresar sin ofender.

Este es un momento en el que todos podemos aprender a crear unidad.

Compartir lo que aprendemos: enciendo tu vela con la mía y tenemos luz los dos. Así, hasta el infinito. El Universo te compensa con más luz. Compartir nos hace eternos.

Si realmente deseas ser feliz, empieza por hacer cosas que te eleven la vibración, ¡pero empieza! No te quedes de brazos cruzados viendo cómo se pasa la vida. Pequeños gestos recurrentes generan un gran cambio.

Si lo que hacías hasta hoy no ha funcionado, muévete, cambia el método, pero no cambies la finalidad de amarte más, de amarte mejor y ser siempre feliz. Eres la única persona con la que vas a vivir hasta el último día de tu vida y el único encargado de tu felicidad.

Mereces amar y mereces ser feliz.

EJERCICIO
CREA TU RITUAL MATUTINO

Recuerda:

Somos imanes. Somos energía y vibración.

Hay rituales para absolutamente todo lo que te puedas imaginar: ser más abundante, manifestar más rápido, conectar con la paz, con el amor, con la bondad, ser más activos, más eficaces, más atractivos…

Personalmente, me gustan los rituales sencillos, los que me conectan con mi luz interior y me muestran, en el exterior, ese punto entre infinitas posibilidades con el que quiero conectar.

Encender una vela, por ejemplo, es un ritual. Estás moviendo una energía externa con la que indicas que estás preparado internamente para el movimiento energético necesario con el que te lanzarás a otro nivel.

Si enciendes una vela como un «ritual para la paciencia», estás enviando un comando a tu ser interior, te estás invitando a ti mismo a tener más paciencia y te estás diciendo que estás preparado para vivir tu vida desde una perspectiva más paciente.

El ritual es un movimiento sencillo de energía externa que invita a tu fuerza interna a dirigirte hacia donde quieres ir.

¿Por qué funcionan los rituales? Por una energía poderosísima, capaz de moverte a niveles inimaginables. Es la energía de la intención. Donde va tu intención, va la manifestación. Estamos manifestando todo el tiempo. También de manera inconsciente.

Imagina que estás todos los días yendo a tu trabajo, quejándote de lo lejos que queda, de la poca complicidad que hay entre colegas, de lo harto que estás de tu jefe, de todas las acciones que tienes que realizar que no te gustan. Entonces, un día te despiden. Lloras, te frustras y te preguntas: «¿Por qué? Si necesito ese dinero para vivir».

Subconscientemente, estabas enviando al Universo las vibraciones de querer manifestar otro trabajo, pero conscientemente debías conformarte con el que tenías. El Universo escucha siempre, a todo momento. Estás manifestando con cada vibración de tu corazón.

Tener tu ritual matutino es importante antes de empezar con la prisa de la rutina y el ajetreo del mundo en el que vivimos.

El cómo usas la primera hora de tu mañana define en gran parte cómo va a ser tu día.

Aquí tienes algunos ejemplos de cosas que elevan tu energía y que puedes hacer antes de salir al mundo:

- Levántate media hora antes de la hora a la que usualmente te levantas.
- No cojas el móvil o el ordenador durante los primeros treinta minutos.
- Bebe agua tibia con limón en ayunas.
- Lee dos páginas de un libro que te encante. Ten el libro cerca; tu mesa de noche puede ser un buen sitio.
- Establece tus intenciones para el día. No tiene que ser nada complicado, dos o tres palabras. Medita quince minutos.
- Ten una agenda de gratitud y escribe tres cosas por las que estás agradecido.

> - Ejercita el cuerpo durante treinta minutos.
> - Escribe en la agenda para vaciar tu mente de pensamientos, planes, creencias, quejas... Solo escribe.

Si haces tres cosas de esta lista todas las mañanas, antes de revisar tus redes sociales, email..., ten la seguridad que notarás una gran diferencia en la forma en la que te diriges al mundo.

Los rituales son movimientos de energía externa, con una intención dirigida hacia una acción energética interna, para un resultado concreto.

Recuerda el poder de tu energía, recuerda el poder de tu intención. Eres un vehículo. ¿Qué es lo que quieres transportar? ¿Cómo quieres que sea el viaje? ¿Hacia dónde te quieres llevar? ¿Qué tan lejos quieres llegar?

Lo que es para mí, vendrá y se quedará; lo que no, será reemplazado por algo mejor.

En ese momento en el que el mundo no se mueve tan rápido como quisieras, honra la pausa, honra el descanso, honra los momentos, el tiempo. En los momentos silenciosos hay más crecimiento. En los momentos más oscuros es donde se revela la luz.

La mejor parte del pasado es que está en el pasado. Este es otro de los beneficios del constante cambio.

Abrazar el cambio: deja ir lo que está terminado y agradece lo que aún tienes. Lo que viene es mucho mejor.

La lección 153 de UCDM dice: «En mi indefensión radica mi seguridad». El mundo material está en un proceso permanente de cambio. Para encontrar paz en un mundo de constante transformación, debemos entender que la paz está dentro de nosotros. Cuando la paz forma parte de nuestra forma de actuar, perdonamos a la persona que nos ataca sin atacar nosotros de vuelta. Cuando no te defiendes, estás seguro. Si sabes que la paz es tu naturaleza, no necesitas defenderte, no necesitas validarte. No estás buscando fuera. La persona que ataca lo hace porque siente que está siendo atacado. Elige ver el amor. Siempre puedes volver a elegir.

Primero, comienza a reconciliarte con lo que reconoces. Luego, la reconciliación se dará con lo que no reconoces o tienes reprimido en el subconsciente. Después, viene la relación de amor entre tú, tus emociones, lo que eres y lo que siempre has sido.

Relaciones, lugares, emociones, trabajos, objetos, situaciones…, todo cambia, todo es temporal. No te apegues; aprende a soltar (lo que no significa renunciar), deja ir y fluye, deja ir y haz espacio para algo que sí sea para ti.

Y si estás leyendo esto en un momento de transición, respira profundo, cierra los ojos y agradece por todo lo que has pasado. Estás donde tienes que estar. Tu realidad y tus emociones están alineadas en el momento y en el lugar correcto, de acuerdo a tu propósito.

Quizás ahora mismo no lo ves, pero esto también está sucediendo para tu mayor bien. Confía en que hay una energía más grande y más fuerte que tú y que yo, y que está en este momento cuidándote y esperando a que te abras para recibir todo el amor, la certeza, la conexión y la abundancia que tiene para darte.

Cada situación encarna una lección. Ser paciente y ser amor es la mejor decisión.

El libre albedrío no es más que la capacidad para escoger pedir ayuda divina o no, escoger pedir la percepción correcta en las diferentes situaciones o no, escoger el camino por el que quieres transitar para llegar a la VERDAD, que es una y siempre la misma: el amor.

Todo lo bueno vendrá a ti repentinamente y *agradecerás* el no haberte rendido.

Todo está bien, todo es perfecto.

Carolina Duque

CAPÍTULO 5
MANIFIESTA TU MEJOR VERSIÓN

Si aún no has descubierto que cuentas con todos los recursos para enfrentar situaciones adversas, que lo importante no es lo malo que ocurre, sino cómo eliges verlo, en este capítulo vamos a hablar de cómo conectar con tus propios recursos y cómo elegir la luz.

DESEO QUE ELIJAS LA LUZ.

Imagina lo diferente que sería tu día si eligieras conscientemente conectar con el Universo, poner los límites correctos por amor propio y permitir que todo fluya a tu favor.

Tú eres quien posee la clave de tus bloqueos y también de tus desbloqueos. Tienes el derecho a vivir tu mejor versión. El amor es la cura, el remedio y el premio. El amor es lo que verdaderamente eres.

Una vida amada y abundante

Se hace difícil poder valorarte a ti mismo por lo que eres, en un mundo que valora más lo que haces, lo que tienes, de quién te rodeas, etcétera.

Tú eres una persona maravillosa independientemente de lo que hagas, lo que tengas o de quién te rodees y siempre te amas a ti mismo aunque a veces sientas que te has desconectado de tu poder. Que tu visión nublada por tu condición o por tu situación no te permita verlo, no quiere decir que no sea así.

Estamos en este mundo para aprender a amarnos, a conectar con la abundancia del alma, a expandirnos, compartir y ser felices. Vinimos a encontrar la luz innata que tenemos dentro, a ser lo que somos: la naturaleza pura de la conciencia, vibrante de amor.

EJERCICIOS PRÁCTICOS PARA CONECTAR CON TU MEJOR VERSIÓN

Hacer del mundo uno mejor desde nuestras posibilidades. Elevar la vibración desde nuestra pequeña esfera gigante. Ser guerreros espirituales silenciosos.

Puedes empezar a hacer de tu mundo uno más amable, más limpio, más bonito, más consciente y más amoroso. Ilumina tu pedacito de mundo amándote más. Pequeños pasos cada día hacen la diferencia para mejorar toda tu vida:

- Dar las gracias.
- Quejarse menos.
- Comer más despacio.
- Caminar un poco más.
- Ser un poco más amable contigo.
- Ser un poco más amable con los demás.
- Respirar profundamente más a menudo.

- Reducir un poco el uso diario de aparatos electrónicos.

- Decir más seguido a las personas que quieres, que los quieres.

- Conectar con la naturaleza, caminar descalzo sobre la tierra, abrazar un árbol.

- Consumir información que te aporte, que te enseñe cosas nuevas y despierte tu curiosidad. Escuchar música con mensajes positivos.

- Hacer más de lo que amas para sentirte conectado. Vuelve a dibujar, a cocinar, a pintar, a bailar, llama a esa persona que quieres con la que hace tanto tiempo que no hablas.

- Jugar más a menudo para reconectar con nuestro estado creativo y con nuestro niño interior. Buscar espacio para el juego y la creatividad también acompañados de nuestros hijos, nuestra pareja, nuestros hermanos o amigos.

- Decir sí más a menudo: a nuevas aventuras, comidas, lugares, conocer nuevas personas.

- Decir que No más a menudo: a lo que te drena, a las personas que no te aportan, a las situaciones de las que no quieres hacer parte, a los hábitos que no te hacen bien, a los lugares a los que no quieres acudir.
- Toma tiempo para ti, para hacer lo que te hace verdaderamente feliz.

Cuando ocupas tu tiempo en HACERTE feliz, el Universo te da más felicidad: más tiempo, más recursos, más tranquilidad.

El amor propio está en dar valor a lo que te gusta. Tómate tiempo para conocerte a ti mismo. Busca tu crecimiento personal y haz el trabajo interior. Sé consciente de lo que te hace feliz, lucha por lo que enciende tu llama interna, sigue tu corazón, haz no solo lo que te apasiona, sino lo que sabes que es bueno para ti.

El amor propio fortalece tu músculo receptor. Cuando lo practicas, estás indicando al Universo que estás preparado para la expansión y abres la puerta para que más cosas buenas entren a tu vida. Porque te valoras, y lo que valoras se expande.

Empieza a adueñarte de tu vida. Empieza a vibrar auténticamente, a alinearte con tus metas y a crear tu realidad.

Declara tu intención, tu propósito, escribe tus metas, dibújalas. Todos tus sueños se harán realidad si te abres a recibirlos.

Como piensas, sientes. Como sientes, vibras. Como vibras atraes. Visualiza lo que quieres, decrétalo y verbalízalo, porque las palabras tienen poder. Siente cómo te sentirás cuando eso que quieres se haya realizado, conecta con ese sentimiento y aprende a reproducirlo para conectar con la energía de la manifestación. Llévate a actuar por tus intenciones dando pequeños pasos cada día que estén alineados con la manifestación de tus sueños y estos se convertirán en tu realidad.

Por supuesto que no es lo mismo pensar y decir ante una situación: «Es imposible que se resuelva», «Nunca lo lograré», que decir, en cambio, creyendo y sintiendo positivamente: «Esta situación se va a resolver positivamente», «Yo puedo y yo lo haré». La vibración desde la que estamos actuando cambia automáticamente. La respuesta del Universo, también.

Empieza hoy a vibrar desde la coherencia, la autenticidad, la valentía y el amor: No esperes a perder cinco kilos para empezar a hacer deporte. No esperes a ganar el doble de lo que ganas para sentirte abundante o empezar a ahorrar. No esperes a ser mejor persona para empezar a meditar, a comer menos carne o a hacer voluntariado.

Empieza hoy con lo que tienes y notarás inmediatamente cómo cambia tu vida. Y a lo que sea que decidas dedicar tu vida, hazlo de la mejor forma, hazlo por tu valor y alineado con tu alma, hazlo con amor, haz de tu vida una vida abundante.

Tienes la capacidad de hacer que vivir sea épico.

Trabaja en ti mismo. Invierte sin remordimientos en ti para no estancarte, invierte en ti para ganar confianza, para no desperdiciar tus recursos y tus capacidades. No tienes que compararte con nadie ni competir con nadie más que contigo mismo. Nadie nunca se ha arrepentido de invertir en su crecimiento. Tú eres tu mejor inversión.

Amor propio es mostrarnos vulnerables y humanos. Ser valientes, sincerarnos, primero con nosotros mismos para poder vibrar sinceridad en el exterior. Amor es hacer lo que sabemos tenemos que hacer, cumplirnos y apoyarnos. Amor es todo, es de donde venimos, de donde nunca nos hemos ido y a donde debemos regresar.

Nadie puede elegir por ti, tienes el derecho divino y el libre albedrío de escoger el camino por el que quieres conducir tu vida, respetando la energía propia y ajena, decidiendo ser feliz.

Conoce tu valor. Vibra en autenticidad, coherencia e integridad. Actúa con respeto y sin miedo de no hacer algo por no molestar a los demás, para que no se disgusten, para no incomodar. Conoce tu valor en todos los aspectos de tu vida: en tu casa, en tu trabajo, en tus relaciones, en tus conversaciones, en tus decisiones.

No pierdas tu tiempo en relaciones que ya no son tus espejos. No tengas miedo de equivocarte; por el contrario, toma la enseñanza de la compasión con los errores que cometas.

Cada error es parte del éxito. Aprende la lección que la vida tiene para ti y continúa.

Sal de tu zona de confort y rompe con los viejos caminos neuronales que te hacen repetir los mismos patrones de inseguridad, de dolor, de sensación de carencia, de no ser suficiente, de no poder manifestar. Esos patrones que te llevan a sentir paciencia, amor y compasión por los errores de los demás, pero no te permiten ser compasivo y paciente contigo mismo. Cuando te alineas con tu energía amorosa, dejas de estar inmovilizado por el miedo, te moverás por la vida con total confianza; serás imparable.

La plenitud se alcanza sintiéndote amor, siendo amor y extendiendo amor a todos los seres. Te invito a que hagas el ejercicio de experimentarlo por ti mismo. Porque cuando tú cambias, todo a tu alrededor cambia.

Amor propio son sanos límites, es saber que te tienes y saber alejarte cuando ya no hay nada más en un lugar para ti; es saber poner punto y final a todas las relaciones que no te hacen bien y salir —si debes salir— para perseguir tus sueños, aunque hayan personas que se alejen.

Decide dónde quieres depositar tu energía. Cuando sabes que te tienes a ti mismo, sabes que la abundancia, el bienestar, la felicidad y el amor son tu estado natural; no dudas en escoger darte lo mejor. Y el Universo responde con lo mejor.

Cuando te amas, no eres el único que sana. En la lección 137 de UCDM dice que cuando te curas, no eres el único que se cura, porque nuestras mentes están unidas. Porque todos somos uno solo. Cuando limpias tu percepción y decides ver desde el amor, tu energía ayuda a otros a despertar, tu energía está silenciosamente llevando a cabo una unión con los demás, una unión basada en el amor y la felicidad.

Cuando hacemos el trabajo interno de amarnos más, todo a nuestro alrededor cambia, porque nuestra mente está unida por el amor Universal con la mente de los demás. Por eso, cuando yo me amo, extiendo ese amor a todos. Si todos procedemos de una misma fuente, expandimos hacia otros lo que nos damos a nosotros. Cuando yo me curo, no soy el único que se cura.

Dentro de ti está todo lo que necesitas para amarte más, vivir tu vida deseada y conectar con tu mejor versión. El mantra *Ohm mani padme hum* nos recuerda que no importa si nuestras circunstancias parecen adversas, no debemos buscar las respuestas fuera. Dentro de ti está todo lo que necesitas.

♥♥♥

CUANDO TE AMAS Y TE CUIDAS, ELEVAS TU VIBRACIÓN.

♥♥♥

Una vez que eliges amarte, suceden milagros. ¿Alguna vez te has preguntado por qué debes esperar a que los otros validen tus acciones para creerte capaz o valioso? ¿Por qué no puedes reconocerte? ¿Por qué te cuesta tanto establecer límites y aceptar tu valor?

No huyas de la idea de que de verdad eres importante para las personas que te tienen en su vida. ¿Por qué tienes miedo a sentirte importante, valioso, maravilloso?

LO ERES.

Estás haciendo el trabajo de ser amable, positivo, resaltar lo bueno que ves en los demás. De ser la clase de persona que te gustaría conocer.

Quiérete, sé alguien que nutre, sé el amor que quieres recibir, sé el respeto que quieres vivir, sé la persona que te gustaría conocer.

Todos hemos pasado por ese momento en la vida en el que no nos sentimos válidos, en el que nos sentimos tan frágiles, tan faltos de amor, quizás inútiles. Todos hemos pasado por ese momento en el que nos hemos sentido pisoteados, minimizados. Estamos en la vida para aprender que nadie tiene el poder de hacernos nada. Nosotros tenemos el poder de decidir qué nos afecta.

Como te trates a ti mismo, va a definir el cómo los demás pueden tratarte. Si has llegado hasta aquí, significa que deseas reconocerte como un ser único, reconocer que posees dones y capacidades especiales. Para ti, que deseas recordar que tu esencia es perfecta, es puro amor y pura luz. Para ti, que deseas presentarte auténtica, íntegra, honesta y vulnerablemente.

Tú, que deseas dejar de juzgarte, criticarte, sabotearte y autocastigarte cuando las cosas no salen como las habías planeado. Tú, que deseas aprender a decir no, y no drenarte para encajar donde sabes que no perteneces. Tú, que quieres aprender a hacer lo que te apasiona y perdonarte las veces que las cosas no salen perfectas. Tú, que deseas aceptarte, perdonarte, re-comenzar con más amor, re-conectar con tu intuición, confiar en la vida y tener certeza en tu camino. Tú, que deseas vibrar amor, vibrar eternidad, manifestar tu mejor versión.

Te abrazo. Te reconozco. Te amo. Tú y yo somos uno.

Al principio de este libro puede ser que te costara pedir guía al Universo. Pero cuanto más eliges ver desde el amor, más alegremente vas fluyendo por la vida, incluso en días complicados. Enfócate en el amor, en que lo que te mueva sean tus deseos del alma, no los deseos del ego que te benefician solo a ti.

Cuando pones fuera de ti honestidad, lo que recibes es honestidad. Si das sosiego y paz, eso es lo que recibes. Cuando te das más amor, recibes más amor. Enfócate en ser amor, porque dar y recibir es lo mismo.

Si lo que te mueve es el ego, la recompensa que recibirás estará solo un momento. Si lo que te mueve es el amor, la recompensa será para siempre.

Sé tú la luz que deseas ver en el mundo. Si deseas más amor, sé más amoroso, si deseas más compasión, sé más compasivo, si deseas fidelidad, sé más fiel a ti mismo, empieza por ti y verás cómo se extiende a todo tu mundo.

Nunca es demasiado temprano o demasiado tarde para empezar a conectar con tu amor propio, solo falta querer hacerlo. Lo que sucede no es que no te amas, lo que sucede es que estás distraído y esas distracciones no te han permitido escoger vivir en la realidad del amor (autoamor).

Las energías no mienten, el Universo al final te dará más a ti de eso que tú te das y das a los demás.

Tendemos a complicar mucho nuestro crecimiento por las creencias subconscientes de las lealtades familiares o de las ideas limitantes que hemos recogido desde la infancia. Nos aferramos a las autocríticas y al ataque.

Lo positivo de todo esto es que siempre puedes elegir qué es lo que quieres que te condicione. Puedes elegir si seguir las lealtades familiares, vivir en la realidad de la carencia o crear unos pensamientos empoderadores que reemplacen los de dolor y victimización.

A modo de ejemplo, voy a contarte esta parte de mi infancia. Mi alma decidió encarnar, en esta experiencia humana, en una familia muy pobre, en un barrio humilde de Manizales, en Colombia.

El entorno era unos días más agresivo que otros, personas consumiendo drogas en las calles, a veces se escuchaban balas, a veces música, a veces gritos, a veces niños jugando. Crecer en este barrio condicionó mi forma de pensar, de actuar, de vivir, de desear.

Agradezco haber crecido allí porque pude ver las ganas de la gran mayoría de personas de ser mejores, de salir de ahí. Pude vivir la humildad, la alegría, la pasión, la fe con la que la mayoría de las personas vivían el día a día.

Conocí de primera mano la necesidad y la limitación y cómo la idea de no ser suficientes se traslada inconscientemente de abuelos a padres, de padres a hijos. Así sucede cuando aprendes a vivir con lo justo, a hacer lo mejor que puedes. Algunos no buscan ni se preguntan, solo se conforman. Vivir ahí condicionó tremendamente mi idea acerca del amor y la abundancia —o la carencia—.

Agradezco infinitamente a las vivencias de mi infancia, a todos esos grandes espejos que me estaban mostrando que ese no era el camino que quería para mí.

Desde pequeña me sentía diferente, me enseñaron a cuestionarlo todo y a no dar nada por hecho. Tuve la dicha de haber sido criada por personas maravillosas: una madre muy joven, responsable, fuerte y buena; y una mujer que se empeñó con uñas y dientes en que mi historia fuera diferente, una de mis guías más queridas: mi abuela Rosalba.

Mi abuela es una mujer fuerte, valiente. Con un carácter moldeado por muchas experiencias de dolor. La tercera hija en una familia de quince. Mi abuela creció en un ambiente de carencia y comparación. Las creencias que recibió fueron totalmente subconscientes; ella hizo lo mejor que podía y se mantuvo humilde, con una visión firme y un corazón amoroso.

Tenerla en mi vida es de las cosas que más agradezco. Sé que mi alma escogió esta familia en esta existencia por algo mucho más grande y agradezco que este ángel me acompañara y me guiara.

Mi abuela solo estudió la primaria; no tenía recursos, pero tenía mucha curiosidad. Ella sabe de energías, siente cuándo algo le gusta y cuándo no. Tiene una intuición tremendamente aguda y las experiencias de la vida la han hecho tremendamente sabia. Agradece todo lo que ha vivido y a veces cuenta sus historias de dolor. No tuvo mucha educación, pero tiene mucha consciencia. Y hay algo que siempre quiso enseñarme: la capacidad que yo tenía de crear mi propia realidad.

Ella cerraba los ojos, ponía sus dos manos juntas, con las palmas hacia arriba, debajo de su barbilla y soplaba. Luego me decía: «Ya te ayudé a tejer esas alas, ahora vuela». Me emociono al escribir este párrafo. Y saber que aún lo hace. Ella luchó para mostrarme a expandir la visión limitada; todos los días me enseñaba que mi realidad podía ser diferente.

Mi abuela aún vive en Manizales. La última vez que nos vimos, recibimos el año nuevo juntas, solas las dos en casa, felices, agradeciendo a la vida por ser tan bonita. Cada vez que necesito sentirme en casa vuelvo a su regazo.

Actualmente, busco el amor en todos los sitios en donde voy. Empecemos a aceptar, reconocer y agradecer de dónde venimos, para poder aceptar, reconocer y agradecer la capacidad que tenemos de crear nuestra realidad.

Deseo que reconectes con quién eres en lo más profundo.

Es fundamental limpiar la conexión con nuestros progenitores: perdonarles. Perdonar es un acto de amor propio; perdono a los otros como un regalo a mí mismo y dejo ir porque quiero estar bien y en paz. Limpiar la conexión con tu lugar de origen, con las creencias limitantes que sin querer adoptaste.

Una vida amada y abundante

EJERCICIO
LIBÉRATE DE ATADURAS

Escribe tu intención de liberarte de ataduras del pasado y liberar a tus ancestros.

Perdónate porque tú conoces tu historia y sabes por qué has tomado las decisiones que has tomado en cada momento. Libera el peso del pasado porque todo lo que has vivido te ha traído hasta el nivel de conciencia en el que estás hoy.

Nos apegamos consciente o inconscientemente a las culpas, la historia, las creencias, la carencia, las enfermedades de nuestra familia y del lugar de donde venimos.

Suelta las lealtades familiares. No eres la historia de tus ancestros.

A modo de ejemplo, te dejo aquí mi carta del perdón y la liberación:

Perdono y libero a mis antepasados de sus dolores y culpas. A mis padres y los padres de mis padres, porque hicieron lo que mejor podían y sabían, según su nivel de conciencia, en cada momento. Los perdono, los amo, los honro y les agradezco, porque gracias a su existencia, estoy yo hoy aquí, intentando hacer lo mejor que puedo, desde mi nivel de conciencia.

Perdono y libero a mis hijos de la obligación de seguir mi camino, les abro la puerta para que extiendan sus alas y vivan su propia vida de acuerdo a su corazón y conciencia. Perdono y libero a mi pareja, porque no tiene la obligación de hacerme sentir un ser completo. Yo ya soy un ser completo, al igual que mi pareja. Podemos apoyarnos, aprender y ser felices.

Perdono y libero a toda mi familia y decido a partir de hoy vivir mi vida, buscar mi tranquilidad y mi felicidad, trazar mi propio camino y tener mis propias experiencias desde la consciencia, la libertad, la integridad y el amor.

Me perdono y me libero porque mi papel no es salvar a nadie, ni vivir mi vida para hacer felices a otros. Me agradezco porque sé que estoy en el camino y sé que me tengo a mí y puedo contar conmigo, en el proceso de experimentar la belleza de existencia humana. Me amo, me respeto y me honro como la parte que soy del inmenso amor del Universo.

Ahora te invito a que escribas la tuya. Siéntete libre.

Algo *maravilloso* está viniendo hacia ti. Hoy te estás alineando con tu *mejor* versión.

Carolina Duque

CAPÍTULO 6
LOS MENSAJES DEL UNIVERSO ESTÁN POR TODAS PARTES

Hace poco experimenté un cambio milagroso cuando elegí apreciar conscientemente la belleza del instante presente. Como un ejercicio propio, fui a tomar un café acompañada de mí misma, dejé mi móvil al lado y observé a las personas actuar. Me di cuenta de que me gusta la gente que sueña, la que se queda mirando la lluvia, la que escribe a mano, que sonríe, que es amable, los soñadores incansables, la gente sencilla y sensible, la que actúa para hacer de su mundo uno mejor. Me sentí feliz conectando silenciosamente con esa parte bonita, amada y abundante de todas las personas. Me gusta apreciar el presente. ¡Qué regalo más bonito es valorar el ahora con los ojos del amor!

En el mundo actual, con todas las formas de tecnología y de información, estamos sobreestimulados, sobrecomunicados, sobremanipulados. Nuestra parte inconsciente y nuestra parte consciente están sobresaturadas. Estamos en un *multitasking* constante. Vemos la televisión mientras tenemos el móvil en una mano y la *tablet* en la otra. Somos la generación más adicta que ha existido. Tenemos adicciones desde el azúcar hasta a la validación exterior (esa que hace que nuestro cerebro produzca dopamina con un *like* de Instagram).

Durante esos pocos minutos que pasé observando el presente en ese café, descubrí la importancia del silencio, de llegar a casa y no pedir automáticamente a «Alexa» que encienda la música, la importancia de no tener el móvil a la mano a las horas de dormir, de trabajar o de compartir con las personas que amo y no perderme en el mundo las redes.

Cuando aprendes a estar en silencio, aprendes a escucharte. La intuición no funciona de la misma forma cuando estamos tan expuestos a los aparatos electrónicos.

Toma tiempo aparte para conectar contigo y con la naturaleza, para meditar, para respirar profundamente. Ese pequeño acto de respirar es un gran acto de amor hacia ti mismo. Respiramos cortito, con miedo, sin consciencia. Te invito a que ahora mismo inspires profundamente, como un acto de amor hacia ti mismo. Regálate una respiración consciente, oxigena tu organismo, masajea tus órganos con el aire y conéctate con el presente.

Hoy, tenemos miedo del silencio, de escuchar lo que pensamos y sentimos, de dejar el móvil, la música, la TV y escucharnos. No queremos darnos cuenta de que toda la sabiduría está en nuestro interior. Tememos escucharnos porque tememos a nuestra propia grandeza.

DESEO QUE CONFÍES EN TU GUÍA SUPERIOR

Estamos hechos de polvo de estrellas, estamos conectados a una energía superior y somos creadores igual que Dios. ¿Por qué no paramos por un momento nuestro ruido interno y escuchamos nuestra voz interior?

Como seres humanos estamos llenos de inseguridades y miedos: a la incertidumbre, a no tener claro el futuro, a no ser suficientes, a no ser apreciados, a la soledad, al rechazo, a la vejez, a la enfermedad, a las alturas, a las arañas, a un sinfín de situaciones que nunca nos han sucedido.

Es normal tener la sensación de que el tiempo pasa tan rápido, de tener tantas cosas por hacer. Nos cuesta estar en el presente. Tenemos una cierta adicción al futuro, creemos que todo lo bueno está por venir, que todo lo mejor está en el próximo viaje o trabajo, en la próxima casa o pareja. Esto nos impide disfrutar del momento presente. Siempre que piensas que la felicidad está en lo próximo, nunca va a estar donde tú estás.

Párate un momento, no hay por qué correr. El amor está dentro de ti, esperando a que respires y te escuches.

El momento es ahora, siempre es el presente este regalo de abrir los ojos. Vivimos queriendo que llegue el futuro, pero cuando llegue igualmente será el presente. Vivimos esperando a que pase algo para ser felices. Si la única constante es el cambio, ¿por qué no ser felices aquí y ahora? Si llega el momento en el que eres plenamente feliz, ¿qué vas a hacer? ¿Congelar el momento? ¿Pausarlo? ¿Embalsamarlo? No, la felicidad está aquí y ahora, la felicidad es tu decisión, es tu elección, está esperando a que tomes el presente y lo aceptes como lo mejor que puede haber pasado para tu mayor evolución y decidas hacerte feliz, con los pros y los contras, con las luces y las sombras. Tu parte es elegir el amor. Una vez eliges, lo demás fluye, porque el Universo siempre cumple.

Ya que todo en la vida está en constante cambio, abracemos el cambio, aprendamos a aceptarlo, a bendecirlo, a agradecerlo y a estar bien con el hecho de que nada es estático.

No importa si estás rodeado de oscuridad, siempre puedes volver a elegir conectar con la luz.

En mis redes puedo ver una creciente ola de tropas de personas en búsqueda de luz; hay un movimiento hermoso y silencioso de autodescubrimiento. El despertar de conciencia es inminente.

Las herramientas están a tu alcance para ayudarte a expandir tu conciencia. Independientemente del camino que tomes: astrología, tarot, runas, meditación, religiones, kabbalah, reiki, constelaciones, hatha yoga, kundalini, curso de milagros. Todas las herramientas de sanación y descubrimiento son válidas: la verdad es una pero los caminos son muchos.

El camino se te va mostrando cuando tu compromiso es contigo, con la integridad, con el amor. El Universo te provee cuando tu deseo es conectar con la luz.

CUANDO ESTÁS EN EL PRESENTE, ELEVAS TU VIBRACIÓN.

¿Puedes recordar qué ropa usaste hace una semana? ¿Y hace dos días? ¿Y lo que cenaste el jueves pasado? Vivimos en una espiral automática en la que no nos damos cuenta de lo que hacemos, no aprovechamos el momento, no valoramos la compañía de las personas que están para nosotros, estamos más conectados con personas al otro lado del ordenador o del teléfono móvil que con las personas con las que convivimos, hijos, padres, amigos. Pasamos los días sin ser conscientes, nos movemos por una inercia que ha creado la rutina y ha enfriado la tecnología. Vivimos sin vivir.

Para traerte al presente, puedes hacer un viaje por tus sentidos. ¿Qué estás viendo ahora mismo en frente, alrededor, detrás? ¿A qué huele el ambiente, tu ropa, tus manos? ¿Qué estás escuchando? ¿Y qué puedes escuchar a unos metros de distancia? ¿A qué sabe este momento? ¿Lo que puedes tocar ahora mismo —la mesa, el libro— es frío, cálido, suave, rugoso?

Con este paseo por tus sentidos, te estás trayendo al momento presente. Este ejercicio es para hacernos conscientes de la vida que vivimos y para no dejarnos llevar por el piloto automático.

Te invito a agradecer por la capacidad de apreciar la vida y el mundo de tan diversas formas.

Vivir el presente es un regalo. Si te dejas llevar por la experiencia, puedes sentir la transformación. Vivir en el presente es uno de los primeros potenciadores del despertar espiritual.

Otra herramienta poderosísima para potenciar el despertar espiritual —y de la cual hemos hablado varias veces en este libro— es entregarnos al proceso y pedir guía al Universo. La lección 233 de UCDM nos recuerda la facilidad con la que podemos atravesar los procesos si pedimos conscientemente guía y nos permitimos ser guiados.

Frecuentemente, recurrimos a la divinidad solo cuando las cosas van mal. Poco a poco, iremos aprendiendo que podemos permitirnos ser guiados en cualquier momento. Tenemos siempre el libre albedrío de crear nuestra realidad con nuestros pensamientos, sentimientos y actitudes. Pedir guía es una forma de elegir la luz confiadamente.

Cuando pedimos guía en la mañana y permitimos el flujo natural de la divinidad todos los días en nuestra vida, sabremos que los pasos que demos en el día están siendo movidos por la fuerza creadora y divina, estamos permitiendo que la fuerza

Universal se exprese a través de nosotros y se expanda a través de nuestras relaciones con los otros. Una vez que decides confiar en tu guía superior, entiendes que, sean cuales sean las decisiones que tomes a lo largo del día, estarás expresando en tu existencia la voluntad divina.

La verdadera sanación se produce cuando, en los momentos de bloqueo, pides guía al Universo y permites que te muestre el camino.

Pongamos el ejemplo de un bloqueo creativo: cuando pides conscientemente guía divina, conectas con la energía abundante eterna y plena del Universo. Todo lo que necesitas está ahí. Para acceder a la guía del Universo debes unir tu mente a la inteligencia divina y todo vendrá a ti fluidamente, todo lo que necesitas, la información, los pasos que debes dar, lo que debes decir, hacia dónde debes ir… Solo debes estar abierto a escuchar, porque la mente, como decía Albert Einstein, es como un paracaídas que solamente funciona si se abre.

¿Cuántas veces queremos lo que queremos con un poco de miedo? ¿Cuántas veces no hacemos lo que sabemos que nos debemos por miedo a sentirnos vulnerables?

Brené Brown, en su charla «The call to courage», rescató la siguiente frase de Theodor Roosevelt, en la que habla del reto de levantarse cada mañana y elegir ser valiente, antes de quedarse en la zona cómoda:

No es el crítico el que cuenta; ni aquel que señala cómo el hombre fuerte se tambalea, o el que alega dónde el responsable de los hechos «podría haberlo hecho mejor».

El reconocimiento pertenece al hombre que está en la arena, con el rostro desfigurado por el polvo y el sudor y la sangre; a quien se esfuerza valientemente, a quien yerra, a quien da un traspié tras otro, pues no hay esfuerzo sin error ni fallo. Pero quien realmente se empeña en lograr su cometido, quien conoce de grandes entusiasmos y de grandes devociones, quien se consagra a una causa digna, quien, en el mejor de los casos, encuentra al final el triunfo inherente al logro grandioso, y quien en el peor de los casos, si fracasa, lo habrá hecho mientras se atrevió en grande.

Si tú no estás ni has estado en la arena, si tú no te has atrevido a mostrarte auténtico y vulnerable, si tú no has saltado a la arena por tus sueños, por miedo a ser juzgado, te invito a pensar en esa situación de tu vida en la que todavía no te atreves por miedo a ser criticado, y te invito a pedir guía divina. Repite:

GRACIAS, UNIVERSO, POR PERMITIRME ABRIR MI CORAZÓN. QUE SEA TU LUZ DIVINA LA QUE GUÍE MI VIDA.

Siembra esa semilla, haz que tu existencia tenga sentido. Has venido aquí a ser feliz y esa es tu única función: vivir en la luz, dar luz, ser luz, y mientras iluminas, ser feliz.

Salta fuera de tus límites, empújate a vivir, deja un mundo mejor y más despierto a través de lo que sea que hagas, pero empieza por ti, empieza hoy. El presente es el instante eterno, el pasado ya pasó, y el futuro, cuando llegue, será otra vez presente. ¿Qué esperas?

MEDITANDO CON EL OM

Om es el amén universal, es el sonido del Universo, es vibración sagrada.

Se dice que si sales al espacio, la vibración que se escucharía es el sonido del *om*.

Nos conecta con el todo, con la divinidad. Es la unión de lo físico con lo divino; la unión con lo supremo.

Si en la naturaleza conectaras con el silencio, escucharías el viento, las hojas de los árboles, los ríos fluir… Todo junto lo que trae es el sonido del *om*.

Medita escuchando el *om*. Inhala y exhala con tus labios cerrados y reproduciendo el sonido del *om* (A-U-M). La paz será inmediata, la conexión será clara, tu mente estará despejada y tu corazón tranquilo. Te sentirás uno con el TODO.

MI DECLARACIÓN DE FE

Tengo la absoluta certeza de que estoy siendo guiada por el Universo. Que todos los lugares que visito, la gente con la que me cruzo y las situaciones que vivo están ahí para mí, porque tienen que estar ahí, porque hacen parte del plan de liberación de mi alma.

El Universo me envía exactamente lo que necesito.

El amor infinito del Universo me guía, me cuida, me llena, me protege y me alimenta.

Gracias, Universo, por no dejarme dudar de tu infinito amor, poder y magnificencia.

EJERCICIO
MI DECLARACIÓN DE FE EN EL UNIVERSO

Siéntate cómodamente, abre tu libreta y escribe tu declaración de fe en el Universo.

CUANDO RECONOCES TU FE EN EL UNIVERSO, ELEVAS TU VIBRACIÓN.

En mi empeño diario de conectar con la luz y vivir la vida de una forma espiritual y práctica, también tengo momentos en los que me sobreidentifico con el cuerpo y empiezan a presentarse constantes retos, sobre todo de autocrítica.

Ahora intento pararme en cuanto me doy cuenta de que estoy entrando en esa espiral y puedo frenarme cuando veo cómo me cuesta tener paciencia con mis procesos o cuando antes seguía obsesionada con cómo debía ser mi cuerpo.

Una vida amada y abundante

Cada día nos apegamos casi de forma inconsciente a ideas de oscuridad, tales como «no soy suficiente», «no merezco ser querida» o «mi edad me impide hacer lo que quiero».

El autodescubrimiento y el amor propio son «cuentas de ahorros» en las que debemos poner un poquito cada día. Mientras estemos en esta experiencia humana, seguimos en constante aprendizaje, aceptando nuestras luces y sombras. La experiencia humana es dual y nuestro proceso no es estático. Seguimos viviendo situaciones que vemos como positivas o negativas.

El cuerpo es una herramienta al servicio de la mente; podemos usarlo constructivamente para revelar más luz y, así, llegar a nuestros objetivos. Es necesario estar conscientes de cuidarlo, de escucharlo. El cuerpo es nuestro vehículo. Sin cuerpo, no experimentaríamos emociones.

Podemos adoptar posturas con el cuerpo que nos ayuden a empezar a cambiar nuestras emociones. Prueba a sonreír quince segundos con un lápiz entre los dientes. Esa emulación de una sonrisa nos da sensación de bienestar. ¿Por qué no probar? ¿Qué perdemos? Si ganamos sensación de que todo está bien, estamos cambiando nuestra percepción de la situación, a pesar de las dificultades.

Ahora prueba la **posición del superhéroe**: párate frente a un espejo, con las piernas un poco separadas, con los puños cerrados pon las manos en la cintura, espalda recta y barbilla alta. Respira profundo tres veces en esta posición y sonríe. ¿Te sientes empoderado? ¿Ha cambiado tu energía?

Estas dos herramientas están al alcance de cualquiera, para empezar a mejorar nuestra vida y nuestra existencia. Todos somos capaces. Deja que la vida te inspire.

Una vida amada y abundante

¿CÓMO EMPEZAR A SANAR?

Lo que para la oruga es el fin del mundo, para el mundo es una mariposa.

Lao Tsé

Amarse es ser coherentes con las cosas que uno quiere realizar y hacer bien. Muchas personas hablan de amarse a sí mismas, pero son incapaces de buscar ESAS formas de amor. Es decir, saben que les gusta practicar determinadas actividades, pero no se permiten hacerlas.

Si tú pospones planes que te hacen feliz por compartir solo los gustos u opiniones de otros, no estás en el camino indicado del amor propio.

La forma de pensar sentir y actuar, cuando se tiene amor propio, permite que te aceptes y te respetes, que confíes y creas en tus habilidades, en lo que verdaderamente quieres.

La verdadera transformación empieza cuando eres tú quien toma acción.

Si deseas sanar el pasado y perdonar lo que te daña, si quieres felicidad para toda la vida, **aprende a apoyarte y a amarte.** Céntrate en ser feliz.

Las acciones que deshacen esos viejos caminos neuronales profundamente arraigados y que te tienen en una espiral de desconexión no son más que pequeños gestos —en dirección al amor propio— realizados cada día y sostenidos en el tiempo. Pensamientos y acciones creativas y positivas que van armando hábitos saludables de autocuidado, autoestima y compasión propia. Empieza por reconocer tus emociones:

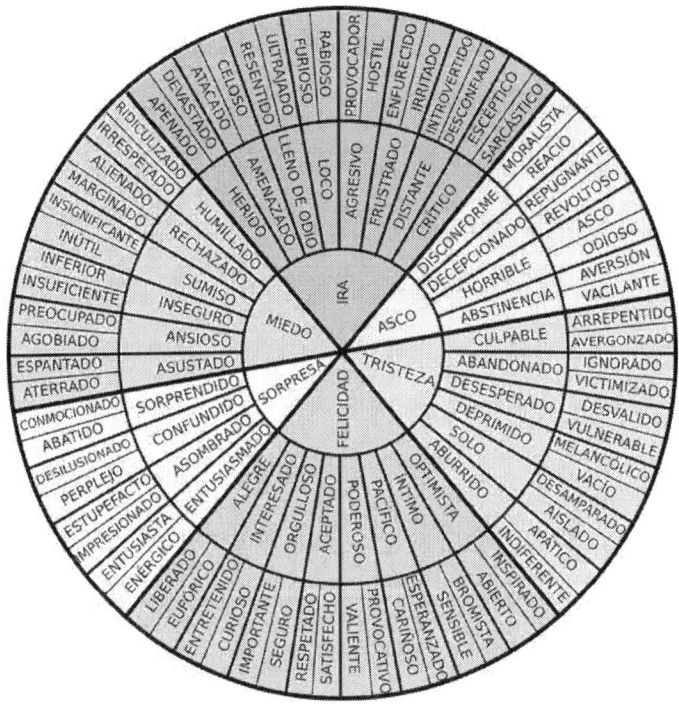

SIENTES	NECESITAS
Estrés	Ser más flexible
Ansiedad	Respirar profundamente
Tristeza	Reconocer tu valor
Rabia	Agradecer lo bueno
Agotamiento	Tómate un día de descanso
Desconsuelo	Rodéate de amor

No dejes que los malentendidos se acumulen. Corta la relación con personas con las que sabes que no hay potencial y no te aportan nada.

Resuelve los conflictos que tienes con quien sí te importa antes de que se hagan imposibles de resolver.

Deja de lamentarte y piensa en las lecciones. Descubrirás que incluso los peores momentos son también grandes oportunidades, siempre y cuando sepas con seguridad que te tienes a ti.

Si no cultivas tu amor propio, nada de lo que hagas te será suficiente ni valioso. Tus éxitos no valdrán nada en comparación con los logros de los otros. Si no comienzas por valorarte a ti, no darás espacio para que lo hagan los demás.

Además, ¿cómo vas a llegar a amarte si no has aprendido a tenerte y a apoyarte?

EJERCICIO
¿QUÉ ES LO QUE TE HACE FELIZ?

Hay ejercicios en los que puedes aprender quién eres, qué es lo que amas y qué es lo que te hace feliz:

1. Escribe lo que te hace feliz. Donde pongas tu atención, irá tu energía. La vida se encargará de darte más de aquello con lo que disfrutas.

Ejemplos simples: El olor del café, el sonido de la lluvia, ver el amanecer.

Sigue tu corazón.

Descubre qué es bueno para ti y aprende lo que te gusta: para adueñarte de ello.

2. Escribe una lista de tres cosas que siempre hayas querido aprender, e inscríbete en un curso o busca tutoriales en Internet para que puedas aprender desde casa. En mi lista personal yo he apuntado:

- o Aprender a cocinar.
- o Aprender a dibujar.

- Aprender a tocar la guitarra.

El Universo quiere que lo tengas todo; el Universo te percibe como un ser completo, así que empieza a manifestar, no tengas miedo: desea, pide, trabaja, camina, dirígete hacia lo que deseas manifestar, y lo que deseas vendrá a ti, porque no hay ningún impedimento, porque es la ley del Universo.

Pide y se te dará.

Todo está para ti, porque eres un gran manifestador, porque creas tu realidad y porque lo que crees desde el fondo de tu corazón, inevitablemente, lo creas.

Una vez integres plenamente esto y sientas con convicción de que es así, encontrarás solamente semáforos verdes, encontrarás personas abiertas, trabajos que sean para ti, abundancia, manifestación, alegría, amor, todo lo bueno que te mereces, pero tienes que creerlo, integrarlo, sentirlo, saber sin lugar a duda que es así. Entonces, y solo entonces, será así como tú lo sientes: positiva, grande y manifestadoramente

EL HO'OPONOPONO

Conocí la herramienta del ho'oponopono en una charla que hizo Mabel Katz en Valencia-España, en el año 2018.

Llegó mágicamente a mi vida para enseñarme la capacidad de limpieza que tengo, y ahora quiero compartirlo contigo para que aprendas que las herramientas espirituales no son difíciles y que siempre tienes acceso a tu magia.

El ho'oponopono es una herramienta ancestral hawaiana muy útil para desbloquear la energía; está basada en el amor y el perdón y se dirige a la resolución de problemas y a la limpieza de memorias tanto conscientes como subconscientes. Porque todos los pensamientos tienen repercusión en algún plano.

El ho'oponopono tiene herramientas facilísimas y se puede practicar tantas veces como quieras, mentalmente o en voz alta, a cualquier hora del día.

Las palabras base del ho'oponopono son:

Lo siento, perdóname, gracias, te amo.

Repetir mentalmente las palabras gatillo del ho'oponopono nos libera de memorias subconscientes limitantes, incluso de otras vidas.

Lo siento: sé que algo está limitando mi cuerpo o mi mente, aunque no reconozca de forma consciente lo que es.

Perdóname: no estoy pidiendo que otro me perdone, estoy pidiendo la energía para poder autoperdonarme.

Gracias: porque todo será resuelto de la mejor forma para todas las personas involucradas.

Te amo: transmuta la limitación o bloqueo. Repitiendo esta palabra gatillo una y otra vez, suceden milagros.

Se llaman «mantras» o «palabras gatillo» porque son disparadoras de perdón y energía profundamente renovadora. Son destinadas a un tema específico y actúan por repetición. Por ejemplo, repetir tres veces «gracias, gracias, gracias».

Otras palabras gatillo del ho'oponopono son:

Suelto y confío: fluir, no forzar. Porque el Universo siempre tiene un plan mayor para ti. Porque tu mente limitada desconoce el desarrollo correcto y perfecto de la vida para ti. Pero la mente superior lo sabe. Suelta el control y confía en que lo mejor siempre llega a ti. «Suelto y confío».

Una vida amada y abundante

Colibrí: para borrar memorias de carencia. «Colibrí, colibrí, colibrí».

Flor de Lis: para limpiar las situaciones, ideas o creencias de conflicto. Se utiliza pensando en lo que se quiere limpiar y repitiendo: «Pongo la flor de lis en esta situación».

Llovizna: permite que la abundancia y la prosperidad lleguen a tu vida. Borra memorias limitantes acerca del dinero. «Llovizna, llovizna, llovizna».

Llave de luz: borra lo que sea que esté pasando, poniendo luz en la oscuridad. Esta frase crea un espacio sin controversia. «Llave de luz, llave de luz, llave de luz».

Papel de moscas: para borrar memorias subconscientes entre parejas. Solo con pensar esta palabra, la energía negativa se corta. «Papel de moscas, papel de moscas, papel de moscas».

Dinero como arroz: para borrar memorias limitantes y activar la prosperidad financiera. «Dinero como arroz, dinero como arroz, dinero como arroz».

Fuente perfecta: para borrar creencias antiguas o creencias limitantes acerca de los niños. «Fuente perfecta, fuente perfecta, fuente perfecta».

Gotas de rocío: para limpiar memorias que compartimos con personas cercanas y para dejar de repetir hechos desagradables. «Gotas de rocío, gotas de rocío, gotas de rocío».

Goma de borrar: es una herramienta simbólica para limpiar o borrar memorias. Puedes repetirlo mentalmente o en voz alta. Utilizar una goma de verdad o imaginar una goma mientras con ella borras las creencias limitantes.

Color azul hielo: es una herramienta anestésica, se repite cuando hay dolor. «Hielo azul, hielo azul, hielo azul».

Palmera botella: Borra memorias relacionadas con el dinero y la abundancia. «Palmera botella, palmera botella, palmera botella».

No te olvides de dar las gracias.

Gracias, gracias, gracias: decimos tres veces «gracias» para conectar con la energía del agradecimiento a nivel del cuerpo, de la mente y del alma.

Si la única *oración* que dijeses en toda tu vida fuera *«gracias»*, con eso sería suficiente.

M. Eckhart

CAPÍTULO 7
APRECIA Y AGRADECE

Mi segundo viaje a Bali decidí hacerlo sola. Estaba decidida a no perder la capacidad de asombro con la vida, de ver todos los días con ojos nuevos, aprender a reconciliarme con el cambio y, sobre todo, escogerme a mí misma y abandonar la autocrítica. Estaba decidida a cambiar, perdonar y agradecer. Porque no importaba lo lejos que fuese, si yo no había sanado, mis inseguridades iban a ir conmigo a todas partes.

Estando sola aprendí que cualquier sitio puede ser mi hogar si me tengo a mí misma.

Cada vez que te sientes tentado a reaccionar de la misma manera, pregúntate si quieres ser un prisionero del pasado o un pionero del futuro.

Deepak Chopra

Llegar a Bali en noviembre de 2018 fue toda una transformación, un baño de poder. Sabía que debía poner fin a lo que me ataba al pasado, así que decidí aterrizar con el corazón abierto, dispuesta a vivir el presente y a apreciar todos los días como si fueran magia. Al pisar Denpasar pedí permiso a la tierra para poder tomar todas las lecciones que esa experiencia me tenía preparadas, para perdonarme, coger fuerzas y continuar con una vida feliz, vivir en la luz, amada y abundante.

En esa travesía, la principal lección fue la RECONCILIACIÓN: con la vida, conmigo misma, con lo mal que me había tratado, con que todo cambia.

La lección 284 de UCDM nos recuerda de nuevo nuestra capacidad de elegir: «Puedo elegir cambiar todos los pensamientos que me causan dolor».

La mente es como un receptor de radio: dependiendo de la frecuencia con la que decidas sintonizar, puedes escuchar una canción u otra. Puedo elegir el ego, el ataque, la indiferencia, el juicio. O puedo elegir la abundancia, el amor, la luz y el agradecimiento.

Este es otro de los regalos de poner en práctica la espiritualidad: podemos elegir cambiar nuestra actitud. Cuando aprendamos que nada externo a nosotros puede hacernos daño, reconoceremos que el Universo siempre cumple.

Puedo elegir los pensamientos que me causan dolor por una energía más elevada: Agradecer. El ejercicio tan poderoso del agradecer. *Dhanyavad* es el mantra de la dicha del agradecimiento. El agradecimiento es el puente hacia la manifestación: dar gracias por todas las enseñanzas, por las situaciones; dar gracias a las personas que se cruzan en nuestro camino, con las que compartimos experiencias positivas y no tan positivas.

Repite en tu mente, con la imagen de esa persona, «gracias» cien veces; agradece a tus hijos, a tus padres, a tus vecinos, a tus espejos inmediatos y a las personas con las que te has sentido alguna vez en conflicto. Tal vez, al principio, la sensación de agradecimiento no sea real, pero esa sensación va llegando, se va haciendo palpable, va trascendiendo y transmutando; el conflicto se convierte en amor, la falta de entendimiento se convierte en amor, y al cambiar nosotros la percepción, el mundo exterior cambia.

Cambia en tu mente la resistencia y resignación por la aceptación y el agradecimiento. Agradece, porque un corazón agradecido es un imán de milagros. Piensa en todas las formas en las que eres abundante ahora y agradece. Agradecer lo bueno y lo no tan bueno. Todo lo que has vivido te ha traído hasta aquí a ser quien eres.

Al estar agradecidos conectamos con la energía de la tranquilidad y la abundancia. En cada día, por difícil que sea, hay algo bueno.

DESEO QUE TENGAS MUCHOS MÁS DÍAS BUENOS.

♥♥♥

EJERCICIO:
TEN UN DIARIO DE AGRADECIMIENTO

Al final del día, escribe tres cosas por las que agradezcas; hazlo de corazón. La energía del agradecimiento te eleva y afecta positivamente tu campo electromagnético. Lo que agradeces, lo engrandeces.

Escribe lo que agradeces, porque donde pones tu atención, ahí va tu energía. La vida se encargará de darte más de aquello por lo que estés agradecido, así que ¡agradece como si ya lo tuvieras! Siéntete libre de agradecer por absolutamente todo. Me gustaría compartir contigo una de las partes de mi diario de agradecimiento.

Agradezco:

Por poder encontrar la magia en todo, escuchar mi cuerpo, la naturaleza y notar las sincronicidades.

Sentir el aire que corre, el olor del café, el poder escuchar el agua caer, el poder ver las sonrisas, las flores, el amanecer.

Por los amigos, compañeros, maestros y guías.

Por la palabra que alienta.

Por el amigo que escucha.

Por la ilusión, el amor.

Por las ganas de escuchar la intuición, por las formas en la que la divinidad se manifiesta.

Por lo que soy y lo que tengo.

Por tantas bendiciones.

Por las lecciones y los tropiezos.

Por el amor y el apoyo.

Por la existencia.

Porque todo es perfecto tal y como es.

Por tener la capacidad de buscar paz y amor dentro de mí.

Por mis ganas de crecer, mi coraje y mi constante búsqueda de evolución.

Por absolutamente todo lo que es, ha sido y será.

CUANDO AGRADECES, ELEVAS TU VIBRACIÓN.

Agradecer el proceso, por doloroso que sea, y las situaciones que te conducen por la senda que debes transitar. Agradece por el nuevo día, por abrir los ojos y ver la luz que entra. Tómate un momento para escribir los motivos por los que estás agradecido. Puedes añadir más motivos siempre que quieras.

Cada día es una nueva oportunidad de rectificar, aprender, crecer.

Recuerda cuando rezabas por lo que tienes hoy.

Agradece por lo lejos que has llegado.

Agradece por poder caminar… Caminar es un milagro para una persona que va en silla de ruedas.

Agradece por tu casa. Hay personas perseguidas, en campos de refugiados, personas sin techo.

Agradece por las personas que tienes alrededor.

Agradece a tu cuerpo que, aunque muchas veces con dolencias, trabaja para ti veinticuatro horas al día.

Lee los motivos todas las mañanas y siente la alegría y la paz que aportan el poder conectarse con el Universo a través de la energía del agradecimiento.

Mi amigo Oliver me dijo un día que no entendía por qué debía agradecer por estar en un trabajo en el que no era feliz. Pensaba que había mucha gente infeliz agradeciendo por tener trabajos mediocres, porque la sociedad les imponía el tener que agradecer poder trabajar en «estos tiempos tan difíciles».

Mi respuesta en ese momento fue contundente. El agradecimiento te conecta con lo que SÍ quieres. Cuando agradeces estar en A, tienes mejor disposición, capacidad y energía para ir a B (en este caso, un trabajo deseado). Si disfrutas del proceso y sonríes, si eres amable y enérgico en este trabajo en el que no eres feliz, estás siendo un imán para alinearte con el trabajo correcto, uno que sí te guste y que te haga feliz.

Habrá personas que te verán disfrutando de lo que haces, que admirarán tu fantástica disposición y quizás te ofrezcan un mejor trabajo. El Universo trabaja de formas inexplicables. La energía se expande y se siente, no se miente. Cuando agradeces donde estás, eres un imán de milagros.

En otra ocasión, Mar vino a mí para realizar sesiones privadas de *coaching*. Ella era una mujer que tenía dificultad para conectar con la sensación de merecimiento, pensaba que era fácil agradecer las cosas que sabía que ya eran un hecho, pero le costaba agradecer lo que ella pensaba que era «mucho trabajo» para el Universo.

En ese momento recordé *Un Curso de Milagros*, que nos dice que no hay grados de dificultad en los milagros. Le expliqué cómo el Universo estaba esperando a regalarle un café alguna mañana, así como estaba esperando el momento para enviarle al amor de su vida, el trabajo de sus sueños o la salud perfecta.

Esto significa que el Universo lo tiene todo y está esperando a que nos abramos para darnos desde lo más pequeño hasta lo más grande. Si tú das por hecho que alguien te va a invitar a un café, pero también crees que vas a llegar solo a la vejez, eres tú quien con tus pensamientos opone resistencia. El Universo está esperando a que te abras para poder dártelo todo.

Una vez, una seguidora me escribió un mensaje en Instagram, para decirme que estaba profundamente agradecida por su relación de pareja, pero él se fue con otra persona. No entendía dónde se había mostrado en esta situación el poder del agradecimiento. Yo le expliqué que la luz del Universo le estaba mostrando un gran tesoro a través de la situación, y le dije:

«No agradeces para que la vida se quede intacta, no agradeces para que las cosas nunca cambien. No agradeces con miedo de perder las cosas por las que estás agradeciendo. Agradeces para que el Universo te alinee con la certeza de estar donde debes estar, con las personas con las que debes estar, viviendo las experiencias que necesitas vivir para tu mayor evolución».

Agradece que esta es la situación perfecta que necesitas hoy para trascender tu ego y aprender lo que tu alma necesita aprender, pero lo más probable es que una vez aprendidas las lecciones de este punto, tu espectro se abra y tu alma necesite otras lecciones. Aunque tu parte egoica no reconozca que tu alma necesita y desea el cambio, tu alma aprecia el hecho de poder ir aprendiendo a través de relaciones.

La persona que deba enseñarte las lecciones permanentes en esta experiencia humana vendrá y se quedará, y tu alma la reconocerá. Agradece también por eso.

No se puede apreciar lo que no se agradece.

Cuando estoy en un avión o esperando en aeropuertos me siento más conectada conmigo misma y me encuentro más concentración. En esos momentos me dedico a trabajar sin reparo.

Me he dado cuenta de que viajando soy más tolerante, más agradecida con lo que tengo, más abierta a aprender, a experimentar y a soñar. Las mejores cosas pasan cuando estás fuera de tu zona de confort. Suena cliché, pero no lo es. Cuando te sacas de lo conocido, encuentras la inspiración. Es ahí fuera donde creces, donde está la magia. Es justo en el momento en que sales y te enfrentas a la maravillosa vida cuando te descubres y empiezas a tener manifestaciones vívidas de lo que el Universo tiene para darte.

Quizás no puedas viajar a un lugar físico. Entonces, viaja a un lugar mental. Cambia la forma en la que haces las cosas en casa, cambia de *hobby*, escucha otro tipo de música, apúntate a un curso que nunca harías. Viaja y muévete de lugar mental. Es ahí, fuera de lo cómodo, donde está la inspiración.

Desde el fondo de mi corazón, esta es mi recomendación: **Sal de tu zona de confort.**

La única constante es el cambio. Nada es estático. Aprende a hacerte amigo de los cambios adoptando cambios pequeños al principio. Moldea tu mente, que se adapte a estas transformaciones y que aprenda a subirse al carro del cambio antes de que este le atropelle: prueba una marca nueva de café, despiértate una hora antes, cambia la mano con la que comes, intenta ese *hobby* que siempre has querido, salta de paracaídas, rétate en tu entrenamiento diario un poco más, lee sobre eso que siempre ha sido para ti un tabú, cambia la forma en la que reaccionas a una situación normalmente, prueba comidas diferentes, sal a bailar con tu pareja, aprende a tocar ese instrumento, habla sobre tus miedos, envía tu currículum a esa empresa en la que siempre has querido trabajar... Haz cambios que te saquen de lo conocido, pequeños gestos al día. No tienes que salir con tu mochila al hombro a recorrer solo el mundo, aunque si puedes hacerlo alguna vez en tu vida, hazlo. No te estoy invitando a que renuncies a lo que tienes, sino a descubrirte y a que entiendas que puedes llegar más lejos de lo que nunca has imaginado y que el Universo está ahí, cuidándote y proveyéndote de todo lo que necesitas en cada situación. Muchos cambios pequeños al principio crean un gran cambio al final.

GRACIAS, UNIVERSO, POR HABERME DESVIADO DEL CAMINO QUE YO ME HABÍA TRAZADO. GRACIAS POR HABERME PRESENTADO LOS OBSTÁCULOS QUE AL PRINCIPIO NO ACEPTÉ CON AMOR. EL HABERME SENTIDO FRUSTRADA FUE, POCO A POCO, PULIENDO MI DESEO, QUITÁNDOLE LAS CAPAS DE LO QUE NO ERA PARA MÍ Y MOSTRÁNDOME UN CAMINO MUCHO MÁS PERFECTO. GRACIAS, PORQUE TODO LO QUE NO SE ME DIO COMO YO QUERÍA ME TRAJO HASTA DONDE ESTOY HOY.

Soltar no significa perder, significa abrir las manos para recibir algo mejor: **honestidad contigo mismo.**

EJERCICIO
HÁBLATE MEJOR

La forma como nos hablamos y el tomar tiempo para escucharnos son importantes. Hazte las preguntas a ti mismo para aprender a vibrar en coherencia: con lo que quiero, con lo que pienso, con lo que digo y con lo que hago. Preguntas inteligentes nos hacen recorrer caminos inteligentes.

1. ¿Qué partes de mí no quiero que conozcan los demás? ¿Cómo me hablo cuando estoy a solas? ¿Cómo reprimo lo que deseo? ¿Qué ideas tomé de mi familia y que no necesito?

2. ¿Qué me hace sentir inseguro o vulnerable? ¿Qué sentimientos genera en mí que los demás me vean vulnerable? ¿Qué puede tornarme sensible?

3. ¿Debo tener la necesidad de controlar? ¿Cómo siento el hecho de que mis planes no salgan como esperaba?

4. ¿Puedo sentir mis emociones? ¿Puedo nombrarlas? ¿Puedo conectar con mi cuerpo?

5. ¿Hacia dónde dirijo mi energía para acercarme a mi propósito? ¿Hay situaciones de mi vida que no merecen energía o atención? ¿Puedo encontrar nuevos *hobbies* hacia donde dirigir mi energía?

Es importante ponernos pequeñas metas y cumplirlas. Cuando nos cumplimos a nosotros mismos, nos estamos demostrando que nos tenemos y nos apoyamos. Es también importante no ser nuestros jueces más duros, ser pacientes con nuestros propios procesos porque estamos viviendo una experiencia humana.

Para tomar acción por lo que queremos ver logrado y manifestado en nuestra realidad no hace falta dar grandes pasos. Podemos empezar dividiendo nuestros objetivos en pequeñas metas, priorizar en lo que es importante, hacer las cosas diferentes de lo que solías hacerlas, cumplir las tareas pequeñas.

Dar y darte siempre las gracias; estás haciendo lo mejor que puedes con lo que sabes y con lo que tienes.

Cuando eres amable con otros, estás expandiendo tu luz.

Sé amable: si ves algo bonito en alguien, díselo. Empecemos a practicar más la amabilidad y a compartir buenas energías.

Una vida amada y abundante

Imane, una chica sonriente y con los ojos expresivos que conocí en el aeropuerto —flechazo de alma gemela instantáneo— fue uno de los mejores regalos de Bali, la prueba de que la amistad y la bondad están en todas partes. Después de compartir varios días juntas, me invitó a comer en Lovina, en el norte de la isla.

Un niño de unos diez años de edad, más o menos, bastante alegre y con una mirada muy vivaz, se acercó a nosotras para vendernos pulseras y collares. Después de unas cuantas sonrisas cruzadas, preguntas como de donde éramos nosotras, a qué colegio iba él o cuánto tiempo íbamos a pasar en Bali, nos dijo que, de mayor, quería ser turista. Imane y yo reímos. «Ya podría querer ser bombero, como todos los niños», dije en broma.

Cuando volví a mi casa y revisé las fotos del día, encontré una foto mía con el niño de Lovina, sonriente y lleno de ilusión, y no pude más que pensar en su deseo de ser turista. Según su inocente perspectiva de la vida, ser turista era la forma en la que él creía que podría escapar de su realidad, vivir tranquilamente, dormir cómodamente, comer decentemente. Turista era lo que él conocía como la forma de disfrutar de la vida.

Entendí en ese momento la complejidad de su respuesta y di las gracias por mi vida, por mi infancia en Manizales, por la inocencia de los niños y por haber podido conocer a ese gran maestro en Lovina.

Para todos los que deseen sanación, la energía de esta isla es de una poderosa transformación. Cuando te vas, definitivamente no eres la persona que llegaste.

En la cola del aeropuerto sentía tal dolor físico que no podía siquiera arrastrar mi maleta. Mis músculos estaban paralizados. Recuerdo la amabilidad de una chica canadiense que, al ver mi cara, no pudo más que ayudarme. Después de respirar un rato, el dolor se fue poco a poco. Recordé a UCDM: «Puedo elegir cambiar todos los pensamientos que me causan dolor». Era evidente que volver a España significaba volver a todo el dolor. Estaba somatizando la emoción de dejar la vida que estaba viviendo en Bali y el miedo de volver a la oscuridad en la que definitivamente no quería volver a vivir.

El cambio en mi realidad material no se hizo esperar. El trabajo interno que realicé y el agradecimiento por las experiencias vividas me llevaron a caminos más que mágicos una vez volví a casa. Luego te contaré cómo.

Saliendo de Bali di las gracias. Llegué siendo una persona y después de un mes me fui siendo otra.

Y aquí la mayor lección:

NO IMPORTA LO LEJOS QUE PUEDAS IR. CAMBIANDO DE LUGAR FÍSICO APRENDES, PERO SI TIENES UNA SITUACIÓN DENTRO AÚN NO RESUELTA, VAS A LLEVARLA CONTIGO TAN LEJOS COMO VAYAS. PARA RESOLVER TUS SITUACIONES, PARA RECONCILIARTE CON TUS SOMBRAS, PARA LLEGAR A TI, EL MEJOR VIAJE QUE PUEDES HACER ES HACIA TU INTERIOR.

Las leyes del Universo y las herramientas espirituales funcionan para todos, están al alcance de todos, hasta que nos decidimos a experimentarlas conscientemente. Somos parte del Universo y cuando no elegimos conscientemente vibrar en la energía de la luz y vivir una existencia alineada, estamos nadando contracorriente.

El Universo funciona con armonía y amor, funciona sin esfuerzo, siempre cumple. Su luz se enciende en ti cuando decides conectar con ella y dejarte llevar confiando en el plan mayor. La riqueza, el éxito y el flujo abundante de todas las cosas buenas están directamente ligados a la energía infinita. Esa energía de la fuente perfecta, que nos permite vivir una vida llena de amor, abundancia, realización y paz.

El *progreso* que pedías está a punto de manifestarse. Agradece porque tu vida *no volverá* a ser la misma.

Carolina Duque

CAPÍTULO 8
ACTÚA CON UNA VIBRACIÓN ALINEADA

Uno de los mantras que más uso en mi práctica espiritual es el mantra *So hum*. Significa «Yo soy el todo». Yo soy parte del Universo. Yo soy creador.

Este mantra me ayuda a conectar con mi fuerza interior y me acompaña todos los días. En los días buenos y en los no tan buenos, me ancla a la tierra y me recuerda que tengo la capacidad de cambiar mis pensamientos y, por ende, mi energía. Me recuerda que «Yo soy uno con el todo» y que no hay nada que temer. Me recuerda a la lección 48 de UCDM que dice: «La presencia del miedo es señal inequívoca de que estás confiando en tu propia fortaleza. La conciencia de que no hay nada que temer, indica que (...) has recordado al Universo y has dejado que su fortaleza ocupe el lugar de tu debilidad. En ese instante, sabrás que no hay nada que temer». ¿Cómo podría temer cuando estoy siendo guiada por la energía infinita?

La consciencia de ser uno con el todo nos permite percibir la energía del todo en nosotros. Ahí encontraremos la fuerza necesaria para vivir en la luz.

DESEO QUE DEJES DE CONFIAR EN TUS PROPIAS FUERZAS Y EMPIECES A CONFIAR EN UNA FUERZA SUPERIOR.

♥♥♥

Una de las leyes espirituales del éxito es **la ley de la potencialidad pura**. Esta ley dice que, en nuestro estado esencial, somos conciencia pura. La conciencia pura es potencialidad pura; es el campo de todas las posibilidades y de la creatividad infinita. Entonces, cuando tomamos consciencia de que nuestro propio poder tiene un potencial infinito, nos alineamos para manifestar cualquier cosa. Cuando nos alineamos con el Universo, permitimos que nuestros guías superiores nos muestren el camino.

Cuando tenemos miedo, estamos admitiendo que hay algo que tiene el poder de hacernos daño. Siempre que tenemos miedo es una señal inequívoca de que nos hemos desconectado del poder del Universo. Cuando conectamos con la guía Universal y permitimos que sea el amor quien nos enseñe el camino, no tenemos nada que temer ¿Quién quiere volar con alas de gorrión, pudiendo volar con alas de águila?

La historia de Rosalía

Deja que la historia de Rosalía te inspire a confiar en la guía del Universo. Ella estaba asistiendo a sesiones de *coaching* privadas conmigo. En las primeras sesiones, una de las frases que más usaba era «no sé recibir». Sus principales metas eran poder conectar consigo misma, abrirse a recibir y permitir ser guiada por la energía amorosa del Universo.

En medio del proceso, después de varias sesiones, llegó con una sonrisa que iluminaba el ambiente. Estaba haciendo lo mejor que podía para entregarse a la guía universal y el Universo le estaba respondiendo de vuelta.

Llovía a cántaros. Rosalía debía conducir para volver con prisa a su casa, en medio del aguacero y por una carretera peligrosa. Iba avanzando y frenando, asustada, por el atasco y porque la lluvia no le permitía seguir. En uno de los atascos quiso buscar un caramelo en su bolso y encontró una pluma.

Para ella, esa pluma fue una señal, entonces se relajó y supo que estaba siendo guiada. Ya no se apuró más por llegar a casa y decidió que sería una buena idea parar en un garaje a esperar que la lluvia pasara. Sin presión, sin prisas. Cuando paró en el garaje, se dio cuenta de que traía una rueda pinchada. ¿Cuántos kilómetros habría hecho con la rueda pinchada? ¡Y debajo de una peligrosa lluvia! Agradeció el hecho de haberse parado, y agradeció mucho más cuando notó que el garaje en el que había parado ¡era justo un taller de coches!

La historia que me contó de cómo la energía divina había guiado su día me hizo sonreír y darme cuenta de que todos podemos abrirnos a la guía divina en nuestro día a día, ¡porque el Universo siempre cumple!

Esta es la historia de Rosalía siendo guiada por la energía del Universo. Ábrete a sentirte uno con el todo y permite que la magia se te muestre en el día a día.

Tienes la capacidad de reprogramar tu mente y eliminar las palabras negativas: «no puedo», «no tengo», «pereza», «problemas», «envidia (de la buena)», «no hay suficiente», «no soy suficiente»...

Lo que nos decimos y el cómo nos hablamos a nosotros mismos tienen una alta influencia en la forma en que nos movemos y nos comunicamos.

Empieza a actuar como la persona que quieres ser, y sin apenas haberte dado cuenta, llegarás a ser la persona que quieres ser.

Ejercicios fáciles para reprogramarte:

- ❖ Empezar hoy.
- ❖ No quejarte.
- ❖ No criticar.
- ❖ No juzgar.
- ❖ Ponte objetivos.
- ❖ Escoge tu círculo, decide conscientemente no rodearte de personas que no aportan.
- ❖ Cede la razón. No te enganches en discusiones por querer tener la razón.
- ❖ Si algo de tu vida no te gusta, muévete, no eres un árbol.
- ❖ Ten, por fin, esa conversación complicada.
- ❖ Medita.

Cuanto mejor estás tú, más consciente, más cuidado y conectado, mejor está el trocito de mundo que te corresponde. Respondes de forma más amorosa y menos reactiva.

Las personas más desconectadas de su mundo interior son las que responden con más ruido y negatividad a las situaciones en el mundo exterior.

Si quieres saber el nivel de inseguridad de una persona, prueba a observar sus reacciones ante los estímulos de la vida diaria. Es por eso que no podemos pretender que nuestro mundo esté en orden si no empezamos por nosotros mismos.

♥♥♥

CUANDO TE HABLAS POSITIVAMENTE, ELEVAS TU VIBRACIÓN.

♥♥♥

Tenemos aproximadamente sesenta mil pensamientos al día. Y ya que tu mente no distingue entre lo que es verdad y lo que no, te invito a que seas más gentil contigo mismo, te hables mejor y empieces a reprogramar tus pensamientos y diálogo interno.

Nuestra memoria es aproximadamente un 95% subconsciente y un 5% consciente. Si solo estamos utilizando un 5% de memoria consciente para movernos por la vida, quiere decir que el 95% son todas nuestras memorias ancestrales, lo que almacenamos durante la vida, las palabras que nos decimos, el lenguaje no verbal, la capacidad de movernos en piloto automático.

El subconsciente lo sabe todo. La intuición es la forma en la que nos habla nuestro subconsciente; es él quien tiene las respuestas.

¿Cuántas veces te has subido a tu vehículo, has empezado a conducir y has llegado al lugar donde querías llegar sin ni siquiera ser consciente de cómo conducías o por qué carretera llegaste? Estaba manejando tu subconsciente. No estabas en el presente; estaba conduciendo tu piloto automático.

Nos despertamos por la mañana y nuestro día pasa en piloto automático, sin ser conscientes muchas veces de lo que estamos viviendo. Salimos de casa sin saber si hemos apagado las luces o si levamos las llaves. De nuevo el piloto automático.

En este caso, te gobierna el subconsciente. Este tiene toda la información para que te muevas por la vida, pero sin vivirla, hasta que no te hagas consciente.

Hasta que el inconsciente no se haga consciente, el subconsciente dirigirá tu vida, y tú le llamarás «destino».

Carl Gustav Jung

Nuestro diálogo interno, la charla que tenemos con nosotros mismos y nuestros propios juicios, es tremendamente poderoso. Si lo permites, tu subconsciente estará constantemente enviándote mensajes negativos. Puedes aprender a escucharte y a darte cuenta de tu diálogo interno si te paras un momento. Esta es una de las partes principales de vivir una vida consciente.

Escúchate.

¿Cómo te hablas? ¿Te juzgas fuertemente? ¿Cómo es tu diálogo interno? ¿Cómo te tratas? Quizás a ti mismo te dices cosas que nunca dirías a nadie, cosas de las que te avergüenzas terriblemente.

Si se te cae un vaso por accidente y se rompe, te tratas de inútil, de torpe, tal vez te has dicho a ti mismo que no sirves para nada y que todo lo haces mal. ¡La mente no distingue! Tu mente va a reproducir acontecimientos fuera que te recuerden que eres un inútil, un torpe, que no sirves para nada y que todo lo haces mal.

¿Por qué? Porque lo que crees, creas. Recuerda la ley del Universo: Como es dentro, es fuera.

Si alguien te pregunta: «¿Cómo estás?». Y tu respuesta es: «Aquí, luchando», ¡la mente no distingue! Estas viendo tu vida como una lucha. Puedes escoger cambiar la perspectiva, cambiar tu diálogo interno y, por lo tanto, cambiar tu vida. No luchas batallas día a día, inviertes tu energía en lo que para ti merece esa inversión de energía.

Tú eres el comandante de tu vida, tú decides desde qué perspectiva quieres vivir las situaciones que suceden. Nadie puede decidir por ti. Las situaciones van a ser las mismas, pero tú puedes elegir el punto de vista que quieres tener, las lecciones que vas a aprender y desde dónde vas a invertir tu energía.

¿Quieres invertirte desde la queja, la negatividad, el ataque y la comparación? ¿O quieres invertirte desde la luz, el aprendizaje, el perdón y el amor?

¡Toma el timón de tu vida!

Tienes el derecho, el deber y el poder de crear en tu mente nuevas conexiones neuronales que te ayuden a vivir una vida amada y abundante.

¿Qué neuroasociación tienes con las situaciones que te suceden? ¿Cómo puedes cambiar tu diálogo interno?

La comunicación más importante es cómo tú te hablas a ti mismo. Ahí radica tu capacidad para conectar con otros.

Cuando cambio el cómo me hablo, cambian mis pensamientos, mi posición física, mis gestos, etc. La información que le estoy dando a mi subconsciente demuestra la forma en la que me comunico con otros, pues nuestra mente funciona por **asociación:**

Si ha sucedido algo difícil en tu vida, en un día en el que estabas comiendo pasta con tomate, posiblemente asocies negativamente la pasta con tomate. Si has decidido estudiar Derecho, puede ser que hayas tomado esa decisión porque en algún momento asociaste esa carrera con el éxito.

Si conoces a una persona que se llama igual que tu ex, automáticamente tu mente te envía juicios y asociaciones (tanto positivas como negativas) de los recuerdos subconscientes que ha almacenado en torno a esa persona.

Si de pequeño te decían que la gente con dinero era malvada, que el dinero es sucio o que no mereces que cosas buenas te pasen, probablemente tu neuroasociación con el éxito y la abundancia no sea positiva.

Si decides conscientemente trabajar en ti:

—Puedes moldear tu mente y modificarla desde el plano subconsciente.

—Puedes aprender a quitar las cargas energéticas o creencias limitantes que tienes acerca de la pasta de tomate, de la carrera de Derecho, de tu ex o de la idea que tienes de la abundancia.

—Puedes crear nuevos caminos neuronales con afirmaciones positivas, practicándolas, repitiéndolas, teniéndolas por escrito. Si tu mente cree todo lo que le dices (incluso que eres un inútil porque has roto un vaso), va a creerte también cuando le digas que eres suficiente, abundante, inteligente, amoroso, íntegro, exitoso y que tienes una infinita capacidad de transformarte y vivir la vida que deseas y mereces.

Todo es posible porque no hay grados de dificultad en los milagros.

Estás en esta experiencia con todo lo que necesitas para vivirla plenamente.

Las vibraciones del corazón no mienten: si vibras desde la carencia, el Universo te devuelve más carencia, porque el Universo te da más de vuelta de eso que estás enviando. Puedes enviar al Universo la intención de la vida que desees, siempre y cuando vibres desde la integridad y la coherencia, actúes como la persona que quieres llegar a ser, y así tienes más de vuelta.

Si quieres amor, sé amor con las personas que tienes cerca. Funcionas como una antena receptora: si envías esas vibraciones fuera, esas vibraciones se reproducen con amplificador, cada vez con más intensidad, materializadas en tu realidad tangible.

Una vida amada y abundante

EJERCICIO
CONECTA CON TU YO DEL PASADO

Escribe una carta a tu «yo» de hace diez años (o cinco o veinte. Tú pones el plazo). Esta es mi carta para la Carolina del pasado:

Para la Carolina de antes:

La que dudaba tanto de sí misma, la que se pesaba todos los días, la que criticaba su nariz, sus orejas, sus manos, sus celulitis. La Carolina que pesaba la comida, que contaba las calorías, que se criticaba frente al espejo.

Para la Carolina que juzgaba a los otros, dudaba de su energía, quería complacer a todos, la que no sabía poner límites ni decir no. Para la Carolina que solo se tomaba fotos con filtros, que gastaba todo su dinero en ropa, que necesitaba sentirse validada por otros.

Para esa Carolina desconectada de sí misma, insegura, ansiosa, reactiva, celosa y gruñona: PERDÓN.

LO SIENTO*, porque gracias a mi nivel de consciencia, en ese momento, no supe hacerlo mejor. **ME PERDONO** por haber* *desconfiado de mí y haberme desconectado de mi poder interior.* **ME AGRADEZCO**, *porque he aprendido a moverme de lugar, a decir no y a no permanecer en donde no he sido valorada ni apreciada.* **GRACIAS** *porque en el momento en el que más me necesité, estuve ahí para mí.*

ME AMO *vulnerable, sensible, imperfecta, humana. Hace más de un año que no me juzgo por mi físico; me digo todos los días lo mucho que me amo y cuánto me agradezco. Hace más de un año que no subo a una báscula, ni cuento las calorías que como. Desde entonces, como por arte de magia, empecé a sentirme más segura, más mujer, más bella y más* sexy *que nunca. Desde entonces, hablo con propiedad, río con seguridad, amo con sinceridad.*

Desde que me respeto, me pauso, pongo límites y cuido el flujo de mi energía. Mi círculo de amigos se ha reducido a los amigos de verdad, personas que se quieren y valoran lo real. Porque yo no acepto menos.

Y ahora lo sé: cuando empiezas a quererte, todo se ordena, ríes sin miedo, no te juzgas, te aceptas y te sientes hermoso siendo imperfecto. Cuando te amas, empiezas a poner límites. Aceptas lo que está bien para ti, no para otros. Te amas peses lo que peses, y pase lo que pase. Dejas de pensar en lo superficial y empiezas a valorar lo REAL.

La medicina a todos tus males no está en otra galaxia; está aquí, está en ti.

Influye positivamente en tu subconsciente.

Las afirmaciones deben ser creadas y dichas en primera persona. Ojo: solamente puedes moldear tu percepción y reprogramar tu mente. No es tu trabajo ni tu responsabilidad hacer que nadie más cambie.

Las afirmaciones deben ser totalmente limpias; tu beneficio nunca debe perjudicar a otros.

La sola repetición de las afirmaciones no es suficiente. Al repetirlas, debes sentir que crees en lo que estás diciendo y vibrar con la positividad, felicidad y tranquilidad que te aportan las afirmaciones. Las palabras sin emoción o convicción no llegan al subconsciente. Al repetirlas, debes vibrar la emoción, ser la emoción para que esa vibración llegue a tu subconsciente y al Universo.

Una vez lanzadas tus afirmaciones al Universo, no dudes de tu poder ni un momento. Sé paciente, no esperes con ansiedad porque ella nos aleja del resultado y la preocupación retrasa la manifestación.

Si lo que deseabas no era lo suficientemente bueno para ti, verás que en tu realidad tangible se manifiesta algo mucho mejor. Permite que sea el Universo el que decida el resultado, y confía en que, sea lo que sea que pase, será para ti lo correcto.

Suelta y confía, porque la voluntad divina es perfecta.

En este apartado encontrarás por orden alfabético los nombres de las situaciones o emociones y a su lado la afirmación que puedes repetir todos los días, tres veces al día (como mínimo), en voz alta, para reprogramar las creencias que te están limitando y crear nuevos caminos neuronales en torno a unas creencias más empoderadoras.

Somos 100% responsables de reprogramar las memorias almacenadas en nuestra mente subconsciente; esas memorias que hemos repetido, adoptado en forma de creencias y que hemos dejado que rijan nuestra vida.

Repite:

«Las creencias que me impulsan o me limitan están en mi mente. Yo soy la única persona que puede limitar o propulsar mi propio crecimiento. Hoy decido conscientemente reprogramar mi diálogo interno y soltar las creencias limitantes que, sin querer, mi sociedad, mi país natal, mi educación y mi familia me trasladaron.

Yo las he aceptado inconscientemente y sin juzgarlas.

Hoy, conscientemente, decido soltar las creencias que me limitan a ser mi versión más feliz, más plena, más llena, más saludable, más abundante, más amorosa y poderosa.

Hoy, conscientemente, decido liberar mi mente de todas las creencias que me alejan del crecimiento y decido adoptar hábitos que me engrandecen, me iluminan, me hacen querer compartir y amar, dar cada vez más, escuchar, manifestar y conectar con mi propósito.

Escojo adoptar creencias que me alineen con el plan de mi alma».

Las creencias limitantes, que sin querer has adoptado, son esos pensamientos que te dicen que no eres capaz. Perdónate si sientes que eres tú mismo quien se ha puesto en medio de tu propio camino hacia el éxito y el crecimiento con creencias de carencia como: «No soy suficiente», «No se me valora lo suficiente», «Mi familia no tuvo suficientes recursos»...

En todo momento en que te encuentres diciéndote este tipo de diálogo carente, escúchate, párate y háblate a ti mismo: «Un momento, esto no es verdad». Reprograma tu pensamiento hacia la abundancia, vuelve a elegir ver la vida desde una vibración alineada.

Para cambiar nuestra manera de pensar, debemos empezar cambiando nuestra manera de sentir. Después de repetir todos los días afirmaciones empoderadoras, y convertirlo en un hábito, será evidente tu cambio de percepción acerca de la situación que estés viviendo. Empezarás a ver cómo al hablarte diferente, piensas diferente, y cómo al cambiar tú, cambian todos y todo lo que te rodea. Empieza hoy.

El mejor regalo que puedes darte es conectar con el poder del momento presente.

A veces, nuestra mente nos juega malas pasadas y creemos que todo lo que sentimos es tristeza, frustración o rabia; sentimientos que nos conducen a la depresión. Por ello, es importante conectar con nuestro más alto potencial, identificar cuándo estamos dejándonos llevar por las creencias que nos limitan, qué es lo que estamos sintiendo, cuándo lo estamos sintiendo, aunque sea negativo.

Podemos cambiar, si así lo decidimos, cambiando primero las palabras que nos decimos. Las palabras contienen energía y tienen un poder inimaginable. De nuestro diálogo interno depende la mayoría de nuestras decisiones y elecciones. Las palabras tienen la capacidad de producir efectos maravillosos o estrepitosos. Con tus palabras puedes ayudar o sanar, puedes herir o humillar, destruir o crear. Ahora que ya eres consciente, debes hacer frente a la forma en la que te tratas y en la que tratas a los demás.

¿Cómo funcionan las afirmaciones?

Las afirmaciones son llaves que permiten desbloquear las puertas hacia nuestros deseos y sueños. Permíteme darte la fórmula para obtener cualquier cosa que desees:

Elige pensamientos que te impulsen a crecer.

Hay tantas afirmaciones como personas. Aquí me gustaría compartir contigo algunas de mis favoritas. Este es un *Diccionario* de sentimientos que solemos calificar como negativos y afirmaciones empoderadoras para darles la vuelta, trabajar lo que te limita y convertirlo en algo que te empodera.

DICCIONARIO DE SENTIMIENTOS Y AFIRMACIONES EMPODERADORAS

Aburrimiento:

- Amorosamente hablo mi verdad y permito a mi Yo Superior hablar a través de mí.
- Está bien para mí ver mi verdad.
- Doy gracias por mi vida.

Angustia:

- Elijo ver esta situación con los ojos del amor, escoger mi felicidad y lo que ayuda a mi evolución.
- Me abro a ver esta situación de manera diferente.
- Pienso en cosas que elevan mi vibración.

Ansiedad:

- Todo lo que he vivido me ha traído hasta aquí, a ser quien soy.
- Voluntariamente, suelto todos los miedos de ver hacia el pasado, el presente y el futuro.

- Mi visión está perfectamente ordenada e iluminada por el amor.

Baja autoestima:

- Acepto el amor que brilla a través de mí ahora.
- Puedo serlo todo. Creo en mí.
- Nací para disfrutar de la vida.
- Amo mi cuerpo tal como es.

Carencia:

- Soy un imán poderoso para atraer alegría, prosperidad, amor y abundancia.
- Tengo todo para ser feliz.
- Sé que estoy perfectamente protegido y que todas mis necesidades están cubiertas en abundancia.

Celos:

- Lo real está dentro de mí.
- Voluntariamente suelto todos los miedos y preocupaciones sobre dar y recibir amor.
- Estoy dispuesto a soltar todos los miedos y situaciones que tienen que ver con el poder y el control.

Desconfianza:

- Cuido mis relaciones con los otros, porque estas reflejan quién soy.
- Me permito dar y recibir amor fácilmente.
- Atraigo amor incondicional. Yo soy amor.

Enfermedad:

- Gozo de una salud perfecta.
- Mi cuerpo es mi templo, siempre lo cuido y lo mantengo en forma.
- Todas mis células obedecen a lo que mis pensamientos indican.

Envidia:

- Gracias, porque estoy en un momento maravilloso de mi vida.
- Hay muchas cosas buenas dentro de mí.
- Soy persistente cuando trabajo por mis sueños.

Estrés:

- Todo está bien, nada es casual, todo es perfecto.
- Todo lo que me sucede es para mi mayor bien.

- Atraigo experiencias de alta vibración.

Hostilidad:

- Vacío mi mente de dudas.
- Estoy hecho de polvo de estrellas, soy magia.
- Atraigo conexiones significativas.

Impaciencia:

- Estoy en paz con mis pensamientos, sentimientos y emociones.
- Puedo lograr todo lo que me propongo.
- Uso mi poder de concentración para mantener en mi mente las imágenes de mi éxito.

Luto:

- Acepto el dolor que siento en este momento.
- Mis emociones están en perfecto equilibrio.
- Todos mis seres queridos me apoyan.
- Suelto todas mis emociones sin esfuerzo.

Miedo:

- Declaro mi compromiso de vivir en la luz.

- Voluntariamente, suelto todo miedo y negatividad que me bloquea para expresar mi verdad.

- Soy la puerta abierta que nada ni nadie puede cerrar.

Molestia:

- Trabajo en mi proceso de aceptación y sanación.

- Inicio mi proceso de autodescubrimiento.

- Tengo la fuerza de voluntad de decir «no» a lo que no es para mí y «sí» a lo que aporta a mi evolución.

Preocupación:

- Soy más fuerte que esta situación. Esta vivencia me fortalece.

- Desde la cabeza a los pies, la energía divina me recorre y me nutre.

- Me desapego de un resultado específico. Entrego mi resistencia al Universo.

Rabia:

- Suelto todos mis deseos y apetitos hacia la luz. Suelto cualquier miedo y pensamientos negativos que me impiden sentir paz, armonía y equilibrio.

- Las opiniones de los demás no definen mi realidad.

- Acepto enteramente mi poder. Está bien que tenga control sobre mi poder y me permito usar el poder que el Universo me ha dado al servicio del amor y la luz.

Rencor:

- Suelto todo miedo que tenga, para poder ver amorosos seres de luz.

- Mi corazón está abierto y fluye libremente con amor para mí mismo y los demás.

- Vivo con gratitud, integridad y me abro a recibir.

Remordimiento:

- Cierro mis ojos a los viejos finales y abro mi corazón a los nuevos comienzos.

- Tengo la fuerza de voluntad de decir «no» a lo que no es para mí y «sí» a lo que aporta a mi evolución.

- Tengo la capacidad de sanar.

Resentimiento:

- Mi felicidad depende única y exclusivamente de mí.

- Mi mundo refleja mi sistema de pensamiento.

- Trazo mi camino con decisiones conscientes y amorosas.

Ruptura:

- Suelto cualquier preocupación respecto a mi futuro. Estoy siendo guiado.

- Suelto mi pasado, bendigo lo que tengo y lo que vendrá.

- Estoy listo para recibir todo lo bueno que merezco.

Superioridad:

- Soy alguien que nutre y construye.

- Me libero de mis creencias limitantes.

- Todos mis pensamientos y emociones fluyen armoniosamente.

Soberbia:

- Veo belleza y compasión en mí y en los demás.

- Todos mis deseos están perfectamente equilibrados.

- Yo uso mis palabras para crear belleza en este mundo.

Tristeza:

- Tengo un infinito número de motivos para ser feliz.

- Yo soy el todo: perfecto, fuerte, poderoso, amoroso, armonioso y feliz.

- Decido hacer del resto de mi vida lo mejor de mi vida.

Venganza:

- Suelto las relaciones que no me permiten crecer.

- Entrego el peso del dolor que he sentido.

- Dejo ir lo que no está alineado con mi bien mayor.

Vergüenza:

- Nada tiene significado, excepto el que yo le doy.

- Puedo hacer cualquier cosa que me proponga, estoy dispuesto a pagar el precio de la grandeza

- Soy un ser único, espiritual, creador.

Violencia:

- Permito a la luz disolver cualquier barrera que me impida recibir la sabiduría y guía divinas.

- Suelto todo miedo de escuchar a mi Yo Superior, al Universo, mis ángeles y guías espirituales.

- Estoy dispuesto a soltar todos los miedos, preocupaciones.

- Yo soy paz.

El sentimiento contrario del amor no es el odio; es el miedo.

Si aprendemos a pensar que todos estos sentimientos se derivan del miedo, podemos darles mucha luz, aportándoles un poco de amor.

Tú puedes crear tus propias afirmaciones positivas con la regla de las 3 P:

PERSONALES: las afirmaciones deben ser en primera persona, deben hablar de mí y de lo que Yo personalmente quiero lograr o activar en mi vida.

PRESENTE: las afirmaciones deben ser en tiempo presente, aunque se traten de algo que quiero alcanzar. Deben estar hechas como si lo que quiero se estuviera dando en mi vida ahora mismo.

POSITIVAS: las afirmaciones deben ser acerca de lo que sí quiero, no de lo que quiero evitar.

Una vida amada y abundante

Esta carta es para ti.

Vuelve aquí cada vez que lo necesites.

Ten la certeza y la seguridad de que estás en el momento, el lugar y con las personas adecuadas, viviendo las experiencias y tomando las decisiones apropiadas. Exacta y absolutamente lo que necesitas para crecer.

No temas. Confía en ti.

Tu más interno «yo» te recuerda de dónde has venido y para qué estás viendo esto. Este momento es solo un segundo de una serie muy larga, que es la eternidad. Si estás feliz, disfruta. Si estás preocupado, esto también pasará.

Has venido hasta aquí con un propósito mayor, el propósito de brillar. No te entretengas, no te pongas en medio de tu propio camino; puedes tenerlo todo porque el Universo no te priva de nada.

A partir de hoy puedes tenerlo todo y para siempre, porque estás alineado con la vibración creadora del Universo.

Confía en ti.

Cree en ti.

Enfócate en la buena energía. Cosas muy buenas están a punto de ***sucederte***.

Carolina Duque

CAPÍTULO 9
SINCRONICIDADES

El autoconocimiento es un aprendizaje diario y constante. El trabajo de conciencia no tiene fin y el camino hacia tu interior es interminable, porque eres el infinito. La chispa divina que hay en ti es potencialidad pura. No vivas en vano, el mundo necesita tu luz. La energía que traes al mundo con tus pensamientos y tus acciones es tu impacto más relevante.

Dedica tiempo a desarrollar tus sueños. ¿Cuántas veces estás dejando de hacer lo que amas por no sentirte suficiente? ¿Sigues en ese trabajo que no te hace feliz o trabajando para los sueños de otro por miedo a emprender el viaje de luchar por tus propios sueños?

Puede ser que no te hayas sentido lo suficientemente apoyado o que te hayas sentido enormemente juzgado.

Estás a tiempo: estás a tiempo para brillar y para permitir que la vida fluya a través de ti, para amar y sentirte abundante viviendo tus sueños, para revelar luz sea lo que sea que estés haciendo en el mundo. No te conformes; no has venido aquí para jugar pequeño.

DESEO QUE TENGAS LA CERTEZA DE QUE LA VIDA TE ESTÁ LLEVANDO POR EL CAMINO QUE NECESITAS.

Cuando haces lo que amas, tu energía se eleva. La energía del lugar en el que estás se eleva. La energía de las personas con las que estás se eleva.

Si crees que no puedes, habrá otras personas haciendo lo que tú quieres hacer. No te detengas.

Puedes sanar contando historias.

Puedes sanar cosechando fruta.

Puedes sanar ayudando a otros a encontrarse a gusto en su casa. Puedes sanar de tantas formas como seres humanos hay en la tierra.

El mundo no se detiene.

En el campo cuántico existen las infinitas posibilidades. Puedes conectar con cualquier realidad. Si pudieras acceder a cualquier vida, a cualquier lugar, a cualquier oficio, a cualquier situación, ¿Dónde escogerías estar?

Ahora acepta y agradece en dónde estás, y escribe los próximos tres pasos que puedes dar para llevarte hacia donde quieres ir.

¿Con quién necesitas hablar? ¿De quién quieres rodearte? No te compares con otros, traza tu camino y vívelo de todo corazón. Cuando estás alineado con el flujo natural del Universo, tu vida es inevitablemente abundante y plena.

Tus amistades son fructíferas y tu trabajo interno y externo es bien recompensado. En el momento presente no te falta absolutamente nada. En este momento eterno, todas tus necesidades están cubiertas. Date cuenta de ello, de las infinitas posibilidades de este instante. De las infinitas capacidades que tienes ante ti si practicas esa consciencia plena y llevas tu energía a la más alta vibración en el estado presente, independientemente de lo que estés haciendo ahora mismo.

El cuerpo es nuestro instrumento en esta dimensión física. ¿Qué uso le estás dando? ¿Qué estás haciendo por tu salud? ¿Cuidas correctamente tu vehículo físico? ¿Sabes qué cosas, situaciones o personas te detonan? ¿Haces cosas para tener tus necesidades básicas cubiertas: estar alimentado, hidratado, ejercitado, relajado, dormir las horas suficientes? ¿Eres consciente de cómo te tratas?

El autoconocimiento también implica cuidar del cuerpo, porque es una herramienta al servicio de la mente. Sin cuerpo no podríamos sentir las emociones para sanarlas.

Dependiendo de cómo y cuánto cubras tus necesidades básicas, tu tolerancia a las diferentes situaciones de la vida será más baja o más alta. Hablarás mejor, escucharás más, tendrás más paciencia con tus hijos o mejor disposición con tu pareja, mejor desarrollo de tus habilidades en el trabajo.

Tu vehículo físico es la lámpara a través de la cual llevas tu luz al mundo material. ¿Eres consciente de cómo te tratas?

Te invito a invertir más en ti, en tu cuidado, por amor propio, poner sanos límites con los hábitos que te drenan y alimentar más y mejor tu energía en el plano material.

¿Y la casa que habitas? ¿El planeta que habitas? ¿Las energías que emites?

Gaia es el alma de la tierra. Como en la película *Avatar*, la Tierra es parte nuestra y nosotros, parte suya. Estamos en permanente conexión energética con el todo. Los árboles, los ríos, los animales.

Gaia nos ha permitido venir aquí a trascender nuestro ego humano y poder evolucionar a nivel álmico.

Estamos en un constante proceso de elegir evolucionar o involucionar. ¿Tú qué escoges? ¿Estamos como humanidad dando pasos hacia adelante en el servicio del alma y de la luz o estamos yendo hacia atrás, alimentando nuestros egos y la separación?

Empezar por aprender a cubrir nuestras necesidades básicas nos permite conocer nuestra disposición ante la vida:

—¿Sabes cuándo estás más reactivo?

—¿Sabes cuándo eres más propenso a sentir enfado o frustración?

—¿Sabes cómo hacer para llevarte a un mejor lugar y poder interactuar con los demás desde un lugar de paz?

Hay tantas herramientas del Universo al servicio humano... Conócelas e intégralas. Conócete, intégrate.

EJERCICIO
RITUAL DEL PERDÓN

Como bien sabemos, podemos ser muy duros con nosotros mismos. Sin embargo, hacernos responsables de lo que NO hemos sabido hacer mejor en el pasado no implica que tengamos que castigarnos eternamente. Perdonarse a uno mismo es fundamental para aumentar el amor propio. En el camino de amarnos a nosotros mismos, es importante aprender de nuestros errores, aceptar nuestra humanidad y perdonarnos.

Me perdono a mí mismo porque no he sabido hacerlo mejor.

El **primer paso** del ritual del perdón consiste en hacernos conscientes y reconocer los momentos o las situaciones en las que nos hemos desalineado del flujo amoroso del Universo. Vivir una vida más consciente significa también poner en palabras las emociones que hemos guardado.

En el **segundo paso**, nos perdonamos por habernos desalineado. Este paso es muy importante: sin perdonarnos, seguiremos atascados en los hábitos de dolor. Siente la sensación que te produce estar desalineado del flujo amoroso, siente todo ese dolor, esa ira, esa frustración. Llora, grita, permítete sentirlo y, en ese momento, conscientemente perdónate, porque tú no eres ese sentimiento, esa emoción o esa situación. Eres mucho más que eso.

El **tercer paso** consiste en elegir ver en la luz. Puedes repetir: «Elijo ver esta situación con los ojos del amor». En ese momento te estás alineando de nuevo con el flujo amoroso del Universo.

Seguramente te ha pasado alguna vez que estás pensando en alguien y te llega un mensaje suyo, o estás constantemente viendo números como el 11/11, 222..., o vas por la calle pensando en algo y, de repente, encuentras un escaparate con un libro del tema en el que estás pensando. ¿Crees que son casualidades? En realidad, son sincronicidades. Es una de las maneras que tiene el Universo de comunicarse y decirte que estás alineado con lo que deseas, que hay para ti un portal energético abierto. Si ves estos números repetidamente, piensa en positivo y llévate a sentir emociones positivas, porque lo que sientas en esos momentos, lo verás manifestado fácilmente en tu realidad. Puedes tener certeza de que estás siendo guiado, que estás en el lugar correcto.

Si tienes en tu mente una idea en el momento en el que ves el 11.11, no dudes de que esta idea te dará frutos maravillosos, así que procura llevarla a cabo. Puedes tener certeza que estás donde tienes que estar, certeza de saber que tu alma está siguiendo un plan divino perfectamente orquestado para sanarse a sí misma.

¿Cuántas confirmaciones más necesitas para lo que ya sabes? El Universo te habla en todo momento.

Silencia tu mente y escucha.

Existen las sincronicidades, no las coincidencias. Y de repente, lo sabes: en una meditación, en un sueño, en una conversación, en un libro…; acabas de encontrar un segundo de lucidez, un minuto en el que sientes con certeza que en todo momento, de ahora en adelante, eres capaz, puedes, no estás limitado para nada, y que tienes la capacidad de reprogramar tus pensamientos para ver y vivir la abundancia y el amor.

Las sincronicidades son una serie de herramientas, de señales sutiles, que se presentan para mostrarnos que estamos en el camino. Es la forma en la que nos habla el Universo. Puedes preguntar al Universo por sincronicidades en forma de señales, para saber si vas por el buen camino.

Si pides al Universo señales, cree en ellas cuando aparezcan.

Tu intuición es eso que sientes y que sabes, sin ser muy consciente de cómo lo sabes. Confía en tu intuición, ejercítala con meditación, imagina que es una antena gigante de recepción y emisión de energía y que capta lo que sucede alrededor, la energía de los demás, de los sitios, de las situaciones.

Tu intuición es una antena que está conectada directamente con el Universo, que siente, que vibra, que te hace sentir que eres uno con el todo. Tu intuición te dice si estás yendo por el buen camino. Tu intuición está conectada con tu ser interior.

Deseo que puedas tener certeza de que sabes perfectamente por dónde tienes que ir a cada momento, el camino ya está marcado, tu ser interior sabe cuáles son los pasos que tienes que dar para llevarte desde donde estás hacia dónde quieres estar. El Universo siempre cumple.

Con ejercicios simples puedes aprender a desarrollar tu intuición:

- ❖ Medita.
- ❖ Conecta con la naturaleza.
- ❖ Come sano y más ligero e hidrátate más.

- ❖ Escribe tus pensamientos o lleva un diario. Escribe tus corazonadas.
- ❖ Juega con niños. Al conectar con ellos y con su inocencia, podemos conectar con nuestra intuición.

«Si estructuramos conscientemente nuestro destino desde un punto de vista espiritual y estamos de acuerdo de que nuestros pensamientos pueden afectar la realidad de nuestra vida, entonces, al iniciar el día hago un pequeño pacto:

Me tomo este tiempo para crear mi día e influenciar en el campo cuántico. Si de verdad el observador está todo el tiempo viendo cómo lo hago y en mí hay un aspecto espiritual, dame una señal durante el día de que has prestado atención a alguna de las cosas que he creado y házmela llegar de una forma que no me lo espere. Haz que me sorprenda de mi capacidad de experimentar estas cosas y hazlo de manera que no quepa ninguna duda de que viene de ti.

Soy mucho más de lo que creo que soy, puedo incluso ser mucho más que eso. Puedo influir en el entorno, en la gente, puedo influir en el espacio, puedo influir en el futuro. Soy responsable de todas esas cosas. Haz que lo desconocido se conozca. El entorno y yo no estamos separados, formamos parte de un todo. Estoy conectado con todo; no estoy solo».

Dr. Joe Dispenza

CUANDO CONFÍAS EN TI, ELEVAS TU VIBRACIÓN.

Busca la motivación intrínseca, la felicidad y la completud dentro de ti, no en estímulos externos.

Muchas personas buscan fuera lo que no han sabido cómo buscar dentro. La energía de una sustancia, el estado al que se llega por consumir una droga, cubrir la carencia comprando muchas cosas, o en relaciones de pareja, encontrar a alguien que venga y saque la chispa de dentro de nosotros: no funciona así.

Esa chispa debe venir de mí. Si no ocurre, ningún entrenador, ningún gimnasio, ninguna cantidad de objetos nuevos o ninguna pareja será lo suficientemente buena. Ahora que sé que mi felicidad depende única y exclusivamente de mí, me hago responsable de hacerme feliz a mí.

En diciembre de 2018, acababa de llegar a España y estaba entregada a mi práctica de yoga, a aprender astrología y a estudiar UCDM. Estaba haciendo todo lo que sabía que era mejor para mí, con la consciencia de ese momento, e intentando vivir mi nueva vida, mucho más alineada con mi realidad actual.

Disfrutaba del tiempo con mi madre, veía mis series favoritas, había dejado hacía poco de comer carne y estaba emocionadísima haciendo los planes para el año siguiente. Había entendido que si comparaba mi proceso con el de los demás, perdía mi luz. Me centré con amor en mi proceso. Estaba realmente disfrutando de la persona que era, conociéndome.

No aceptaba invitaciones solo por salir. No estaba en mis planes conocer una pareja, mi vida había dado un vuelco importante y quería tomarme el tiempo para estar sola y seguir disfrutando de mí. Por supuesto, no perdía las esperanzas de poder amar profundamente algún día. Solo sabía que si llegaba alguien, quería poder tener con ese alguien algo real. Pero mientras tanto, estaba segura de que realizaba lo que era mejor para mí.

No deseaba tener más de lo que tenía y deseaba poder disfrutar eso que tenía al máximo. Había puesto mi futuro en las manos de Dios, como decía la lección 194 de UCDM. Tenía certeza de que de esta forma se me iría mostrando el camino y había adoptado la costumbre de pedir conscientemente señales al Universo.

Una persona que está ocupada haciendo lo que ama, de corazón y sin necesidad de demostrar a los demás qué es lo que está haciendo, es tremendamente atractiva. Si quieres que se acerque a ti tu alma gemela, debes estar primero cerca de tu propia alma, haciendo lo que amas, no grandes cosas, solo lo que te hace feliz: cantar con pasión, dibujar, ayudar, cocinar, hacer felices a otros. Medita y respira. Escúchate. Escucha música con mensajes positivos. Aléjate de personas, lugares y situaciones que te drenen energía. Conecta con la naturaleza. Decreta positivamente lo que quieres alcanzar como si ya lo tuvieras. Vibra desde un lugar de honestidad y actúa desde el amor.

Debería ser una necesidad el hacer que la felicidad no sea el estado que alcanzan los demás, la vida que viven los otros, las experiencias de los otros. Debería ser una necesidad y es tu derecho divino escoger la felicidad, hacer de la felicidad tu día a día y tu estilo de vida.

¿Te has preguntado de qué formas puedes estar obstaculizando la llegada de eso que quieres en tu vida? ¿De ese trabajo, esa casa, esa relación, ese viaje?

En el camino de disfrutar plenamente de mi vida, había puesto mi futuro en manos del Universo y estaba haciendo todo el trabajo interno para convertirme en la persona que quería ser (una persona que a mí misma que gustaría conocer).

Pensaba que si existía la posibilidad de conocer de nuevo a alguien, iba a ser muy coherente.

Coherencia es hacer lo que dices que vas a hacer y decir lo que quieres decir.

«Di siempre lo que quieres decir», me hice esta promesa a mí misma, sin juegos, sin trucos. Si iba a volver a conectar con alguien, me gustaría que fuese desde un lugar de total autenticidad, total coherencia, total confianza, total transparencia.

Un domingo de diciembre, por las sincronicidades del Universo, salí de mi clase de yoga y Chris estaba ahí. Con una sonrisa entusiasta, me saludó. Desde luego que ese día no pude haber imaginado las lecciones tan bonitas que iban a llegar a mi vida a través de ese gran maestro.

Éramos dos seres completos y con ganas de compartir. Llegamos a la vida del otro para hacernos espejo de todo el trabajo que habíamos hecho y de tantas cosas que aún nos quedaban por sanar. Llegamos sabiendo que queríamos soñar, crecer y amar, pero sobre todo queríamos coherencia y autenticidad.

Manifesté esta relación de pareja para aprender a valorar lo real, sin necesidad de tener que demostrar a los demás. Él llegó para mostrarme que es posible crecer al lado del otro, sin forzar y sin juicios. Es un gran maestro, con una perspectiva muy espiritual. Una persona altamente responsable por sus actos.

El Universo opera por medio de un intercambio energético. **La ley universal del dar y recibir** nos dice que eso que estemos dispuestos a dar es lo que circulará en nuestra vida. Nuestra verdadera naturaleza es amorosa y abundante. Cuando nos alineamos con el flujo, el Universo distribuye la luz entre aquellos que están preparados para recibir. Esta ley universal dice: «Si quieres felicidad, sé felicidad y da felicidad a los otros. Si quieres recibir amor, aprende a amarte y a amar a los demás. La manera más fácil de recibir lo que quieres es dándolo».

Todas las relaciones son espejos y nuestra pareja es nuestro espejo más directo. También, debemos reconocer en nuestra pareja al espejo que nos muestra lo que no nos gusta de nosotros. Reconocer que es una relación mucho más que física; es un intercambio álmico, energético, poderoso. Si honramos y respetamos ese intercambio, reconocemos que nuestros actos afectan ese intercambio y actuamos con integridad.

No subestimes el poder que tienes de manifestar una pareja consciente.

Cuidado: dije pareja consciente. No pareja perfecta.

De esta parte de mi proceso personal y junto a Chris, aprendí esto que me gustaría compartir contigo:

Tienes el poder de manifestar una relación madura, sin miedos, ni inestabilidades. Empieza por ti. Por alejar de tu vida el drama, por darte estabilidad y cuidado, por ser amor en todas tus expresiones con los seres que te rodean, y por ser fiel a ti mismo, cumpliéndote y haciendo algo que te haga feliz todos los días. Hasta que se convierta en un hábito, hasta que aprendas a estar contigo y permitir que el amor fluya en ti y te conviertas en amor. Porque la única forma de atraer lo que queremos es siendo lo que queremos y no presionar para que suceda, relajarnos, permitir.

Eres cocreador de tu vida. La decisión de estar solo o con alguien, la tomas tú.

Puedes ser feliz estando con o sin pareja. La decisión de ser feliz o no, también la tomas tú.

Para manifestar una pareja consciente, debes aprender primero a estar solo. No importa el tiempo que te tome, debes aprender a divertirte solo, disfrutar de un buen libro, ir al cine, viajar, disfrutar genuinamente de tu soledad, sentir que nada ni nadie te hace falta porque contigo estás en paz, feliz y pleno, y agradecer por el hecho de tenerte a ti mismo.

Debes amarte y cuidarte a ti mismo, hacer lo que sabes que te hace mejor, sentirte maravillado por lo que eres capaz de lograr y trabajar en ser tu mejor versión. Este sentimiento de amor debe ser totalmente real y genuino. Debes sentir que vibras amor propio de forma honesta y real, porque la energía no miente. Solo así puedes atraer a alguien que esté trabajando también genuinamente en ser su mejor versión.

Este punto de amor propio es sumamente importante. Una vez estás aquí, enamorado de ti mismo y haciendo lo que sabes que es mejor para ti en todos los niveles, dejas de aceptar migajas y dejas de conformarte con muestras mediocres de afecto. No tengas miedo de decir no a lo que no te agrada.

Desecharlo, apartarlo. En el crecimiento personal, la capacidad de desapegarte de lo que sabes que no te hace bien es y será siempre una ventaja.

Al vibrar este amor propio incondicional, empiezas a atraer almas semejantes a ti, con el mismo amor propio, porque eres un imán.

Atraes lo que eres.

Entonces, llegarán a ti personas que han aprendido a ser felices en soledad y a disfrutar de lo que les gusta y les hace bien; llega la persona que te ame y te acepte exactamente como eres en este momento, sin intentar cambiarte (y tú igual con él o ella).

Deseo que seas feliz, intrínsecamente y por ti mismo. No al lado de alguien. Si por esa felicidad atraes a alguien que vibre en tu misma sintonía, que te respete y que te sume, aprende que se puede ser feliz con alguien, pero comprende que la felicidad se crea dentro y luego se expande en tus relaciones con los otros, no al revés.

Para atraer las conexiones que siempre has deseado, con personas que reflejen el nivel de consciencia en el que te encuentras hoy (no la persona que eras hace dos años o seis meses), debes sentir que eres uno con el todo, amado y abundante, no sentirte un ser vacío ni carente.

En el momento en que manifiestas esa pareja consciente, en la relación se genera un punto de encuentro, donde empiezan a compartir lo que son, desde el amor y la aceptación propia, no desde la necesidad ni la carencia. No se juzgan, ni se utilizan. Esa relación les apoya y retroalimenta, no les coarta ni les invade los sueños a cada uno.

Pones de tu parte, desde tus límites, desde tu amor propio y sin vulnerar lo que eres. Respetas los límites propios y ajenos y cedes en lo que le hace feliz al otro sin vulnerarte. «Yo cedo, el otro cede. Juntos encontramos un punto intermedio».

Es importante fluir con amor a través de la relación, sin desear controlar el aspecto que se supone que la relación debería tener desde fuera. Cuando intentas controlar, bloqueas la magia, la energía natural de la misma.

Cada miembro de la pareja está satisfecho con su propio espacio interior. Aprenden y son espejos de su propio crecimiento. Juntos disfrutan, comparten y crean. El amor en ambos los eleva.

Una vez manifestada esa relación, no des por hecho que ya la tienes y dejes que la vida pase sin más entre los dos. No te olvides de agradecer. De tolerar, de dar y expresar, de mantener viva la llama, de ser amor y demostrar al otro lo agradecido que estás por poder crecer y crear junto a una pareja consciente.

Recuerda:

1. Todas las relaciones forman parte de un plan diseñado para nuestra iluminación.

2. Pareja consciente: dos personas en una relación horizontal, dos personas que aman, confían y se apoyan mutuamente. Personas honestas y abiertas en sus deseos y elecciones. Reciprocidad, el otro invierte en ti, tanto como tú lo haces con él. Esfuerzo mutuo, compromiso, amor y respeto. Estar con alguien con quien puedas ser tú mismo, te acepte tal y como eres, querer crecer y lograr cosas juntos.

   Dos personas con necesidades, sueños y proyectos propios y un espacio interior sagrado, en el que ambos respetan el camino y el espacio del otro, con el deseo íntegro y sincero de permitir ser al otro parte del suyo propio.

Dos años después de estar junto a Chris y mientras termino este libro, nos comprometimos. Habíamos estado esperando el uno por el otro, y al aprender a sentirnos completos y amados solos, nos manifestamos. Nos habíamos estado esperando y el Universo lo sabía. Todo el dolor, todo el proceso de sanación, toda la guía del Universo y el trabajo honesto y amoroso estaban señalándonos una nueva dirección.

«Todo lo que sea para ti te encontrará. Mientras tanto, respira, sonríe, agradece y guarda silencio. Camina tranquilo, disfrutando del paisaje del camino sin hacer del sendero un medio para un fin. Zambúllete en el viaje hacia ese instante eterno aquí y ahora. Y retírate dentro de ti mismo, sobre todo cuando necesitas compañía. Suelta, solo suelta... No persigas a nada ni a nadie, porque al perseguirlo lo ahuyentas, lo alejas. Deja que el Universo ordene las energías y tú relájate... Disfruta del concierto de imágenes, de la orquesta de sabores, de la sublime sinfonía de aromas y sonidos. Todo lo que esté destinado a no suceder, no sucederá por más esfuerzos que se hagan. Todo lo que esté destinado a suceder, sucederá por más esfuerzos que se hagan para impedirlo. Esta es la única y santa verdad. Todo lo que sea para ti te encontrará, pues aunque aún no lo creas y todavía no lo sientas: todo en este sueño ya está escrito. Mientras tanto, respira, sonríe, agradece, guarda silencio y deja que la existencia simplemente haga su trabajo. Tan solo deja que el cosmos orqueste su plan divino».

Facundo Galati

Lo que es para ti, te encuentra.

Lo que es para ti, no necesita ser forzado.

Ábrete y recibe las abundantes bendiciones que la vida tiene para ti, aunque esas bendiciones impliquen que debas alejarte de lo cómodo conocido, porque todo lo que sucede es para tu mayor bien.

Tú eres la puerta abierta que nada ni nadie puede cerrar.

En uno de los cursos de amor propio que estaba impartiendo en 2020, una persona me preguntó: «¿Puede el primer amor de la adolescencia, convertirse en uno para toda la vida?».

Las relaciones son espejos. Manifestamos relaciones con personas que nos reflejan y nos enseñan lo que somos. Si el uno es el espejo del otro y sigue existiendo reciprocidad y crecimiento con el paso del tiempo, puede ser que sí.

La clave está en recorrer la vida y evolucionar en consonancia con el otro. La vida cambia, los tiempos cambian, el ritmo cambia, nuestros pensamientos evolucionan, las personas evolucionamos y las relaciones, por ende, también.

Si en una pareja el amor y el respeto son recíprocos y pueden ser felices después de años juntos, desde adolescentes hasta adultos, eso es maravilloso y está bien. Si después de un tiempo dejan de ser felices como pareja, pero pueden desarrollar su mayor potencial en caminos separados, está bien. Soltemos la preocupación de cómo creemos que deberían ser las cosas, para poder acercar la belleza de cómo realmente son.

El paso número uno en el proceso de darte a otros es amarte, tenerte a ti mismo y poder confiar en ti.

Amarte como un proceso de profunda gratitud hacia el ser divino que eres.

Amarte sin juicios por tu apariencia, tu pasado, tus defectos o tus circunstancias.

Amarte soltando todo lo que podías haber hecho mejor y saber que hiciste lo mejor que supiste.

Amarte soltando la necesidad de engancharte en relaciones insuficientes, materialistas, por el solo hecho de estar con alguien, sin querer que esa persona ceda para darte todo lo que tú no has aprendido a darte.

Amarte sin victimizarte ni buscar en la otra persona compasión o que venga a salvarte. Amarte tanto, para hacer el trabajo de soltar los patrones tóxicos que crean experiencias que no quieres en tu vida.

Amarte y querer pasar tiempo contigo mismo, en silencio, disfrutando de tu propia compañía.

Amarte a ti mismo hasta el punto de aprender a decir genuinamente:

ME AMO DESDE EL FONDO DE MI CORAZÓN;
y desde este autoamor me comparto. Entonces, ahí sí,
TE AMO.

Estás hecho de retazos de los libros que has leído, las frases que te han llegado, la música que has disfrutado, la gente con la que has compartido, las noches en las que has soñado. Eres un ser infinito y creador de tu realidad. El Universo entero está dentro de ti. No te compares, siéntete amado y abundante. Eres el todo.

Una vida amada y abundante
___

Pido de corazón que te encuentres a ti mismo, que te creas posible, que tengas la certeza que eres uno con el todo, que seas feliz, que sientas, manifiestes y vivas el amor.

El mejor regalo de la vida es la posibilidad de vivirla; haz que sea memorable. La vida está esperando a que tú le des el sentido.

Esta es tu señal. Estás en el camino **correcto**. La vida se mueve y fluye ***a tu favor***. Pronto lo verás claramente.

Carolina Duque

CAPÍTULO 10
PAZ COMO PRIORIDAD

El paraíso no es un lugar, es un estado de la consciencia. *Ang sang wahe guru* es el mantra de la paz, la verdad universal que te conecta con el espíritu.

Pasamos la vida intentando conocernos, encajar, sentirnos suficientes, intentando conocer a alguien que nos aprecie por ser nosotros mismos. Las personas que están ahí fuera también están en la constante lucha de intentar saber quiénes son.

En tu crecimiento humano no hay competencias; el único camino que debes seguir es el camino hacia tu interior, ese camino que te guía hacia tu realización personal y a la expansión de tus capacidades humanas y divinas.

Eres una perfecta mezcla de la divinidad en una experiencia humana. ¿Por qué conformarte con menos? La que parece una lucha incansable termina cuando te das cuenta de tu magnificencia, de tu luz y de tu magia.

Eres magia.

Miles de millones de átomos, de partículas, de células y de microprocesos convergen aquí mágicamente para que puedas estar hoy viviendo esta experiencia humana.

«La verdad es una, los caminos son muchos». La única verdad que persigues, tu alma ya la sabe. En este camino, quizás te sientas como un bebé que ha empezado a andar. Podrás encontrar toda clase de explicaciones, de autores, de profesores, de facilitadores, terapeutas, conferencistas, *coaches* y hasta *bloggers*. Las opiniones son diversas, pero la verdad que expresan es siempre la misma: el amor que buscas, ya está en ti. Ese amor es la base de lo que eres.

Un Universo amoroso e infinito habita en ti y tú eres un ser pleno, haciendo parte de todo y el todo haciendo parte de ti.

No tienes que buscar, perseguir, competir por un lugar. En las relaciones, en el trabajo, en tu vida, tu lugar ya se te ha dado. Deja que el amor te llene primero a ti. Siente el amor en cada célula de tu cuerpo, en cada respiración, en cada latir del corazón y, por ende, en cada acto, en lo que compartes, en lo que enseñas.

No tienes que indagar, solo debes escuchar tu voz interior que dice que todo lo que necesitas y buscas está dentro de ti. Eres el Universo. Eres la causa, el pilar y la base. Si tú cambias, todo cambia.

UCDM dice: «Nada de lo que haces, piensas o deseas es necesario para establecer tu valía», porque tu valía ya está establecida, tú eres la chispa divina, completa y plena del amor, encarnada en un cuerpo físico y viviendo una experiencia humana. No tienes que indagar, solo debes escuchar tu voz interior que dice que todo lo que necesitas y buscas está dentro de ti.

En la lección 291, UCDM nos dice: «Este es un día de sosiego y de paz». Cuando te permites mirar dentro y ves el amor en ti, el perdón, la unidad, la esencia de la tranquilidad y la paz, estás alineado con el amor universal. Desde esa presencia de amor, das sin temor a perder, reconoces que este es un instante santo y de paz. Reconoces la capacidad que tienes de conectar con el amor.

Cuando empiezas a darte cuenta de que los caminos te conducen a la misma verdad: el amor, empiezas a encontrar la relación en todos ellos. ¿Qué diferencia un camino del otro? Las religiones, las filosofías, las corrientes de pensamiento y las ideologías espirituales están impregnadas por creencias de carencia, separación y miedo; calificativos que les ha dado el ego, porque la única enseñanza real de todos los caminos es el amor y es lo que nos hace sentir plenos.

Si yo soy amor y tú eres amor, somos lo mismo. Somos una sola cosa. Cuando entiendes que todos somos uno, no te sientes incompleto, cuando reconoces que eres amor, entonces no te falta nada. Es cuando te das cuenta de que eres amor, que la percepción cambia y comienzas a observar la vida con otros ojos, desde otra perspectiva, desde la perspectiva única y correcta. Cuando vives en la realidad de que eres amor, empiezas a actuar, pensar, sentir, vibrar en coherencia con ese amor que siempre ha estado ahí, y al vibrar en esa frecuencia amorosa, solo verás amor a tu alrededor. La meditación NO es solo pedir, es permitir.

CUANDO MEDITAS, CONECTAS CON LA PAZ, EL AMOR, LA LUZ. ELEVAS TU VIBRACIÓN.

Esta es una meditación fácil con la que puedes comenzar:

- Busca un lugar en el que puedas estar tranquilo. Siéntate cómodamente, en una posición que te sea natural.
- Respira tranquilamente.

- Cierra los ojos e imagina la punta de tu nariz. Siente cómo sale y entra el aire. Imagina el aire como una luz violeta de posibilidad y transmutación que entra a llenar todo tu ser.

- Cuenta hasta cuatro en cada inhalación y vuelve a contar hasta cuatro en cada exhalación.

- Fíjate en cómo se hincha y deshincha tu abdomen mientras respiras.

- Toma conciencia del instante presente y empieza a inhalar profundamente y exhalar despacio por la nariz, concentrado en el aire que entra y sale de tu cuerpo.

- Lo más importante es no juzgarte si la mente empieza a saltar de pensamiento en pensamiento, pues está haciendo su trabajo. Sé paciente y empieza otra vez. Con tiempo y práctica cuesta cada vez menos silenciar la charla interna.

- Déjate guiar por la meditación y escúchate.

Te invito a escuchar mi *podcast* en Spotify (Manantial de Luna) para más meditaciones guiadas. También puedes entrar en el siguiente enlace:

https://open.spotify.com/show/7sP4uwtsAQiBS7sHPjmQYW?si=dCNQHFABS7GjubW5tDo-tw

EJERCICIO
MEDITA

Haz este ejercicio al menos quince minutos al día durante los próximos siete días. Respira consciente y profundamente. Tómate tiempo para escuchar tu diálogo interno. Sé el observador, mira tus pensamientos ir y venir como olas, pero no te identifiques con ellos, solo observa...

Te invito a dejar de buscar desesperadamente fuera lo que ya tienes dentro de ti.

Empieza a mirar dentro de ti y a trabajar en las creencias que te limitan y te bloquean. Empieza a mirar qué es lo que los otros reflejan en ti y lo que reflejas en los otros. Empieza a meditar más, a juzgar menos y a amar más.

¿Quieres ser el tipo de persona que pasa de largo por la vida sin dejar nada bueno, sin haberse dado cuenta de lo maravilloso de vivir, sin haber exprimido al máximo la experiencia de vida, sin haber sido de inspiración para los que te rodean, sin haber dejado tu grano de arena positivo en el mundo? ¿O realmente quieres hacer el trabajo de despertar tu conciencia y empezar a vivir?

No compares tu proceso con el de nadie. Compararse es injusto para ambas partes, porque nunca sabes el punto de partida de los otros, nunca sabes lo que han tenido que pasar para llegar a donde están. Con la única persona que tienes que compararte y medir los niveles de evolución es con tu yo de antes, de hace un año o dos o cinco años, hace un mes o dos semanas. Es esa persona a la que puedes retar, es esa persona a la que debes superar, es esa persona a la que le vas a demostrar que es posible ser tu mejor versión.

Estamos en la era de la conciencia, pero buscando tu camino puedes encontrar mucho ruido: que si la humanidad está despertando, que si la era de acuario, que un retiro espiritual en la India, que alguien se hizo vegano, que si vivimos en un programa, que nada de esto es real, que proliferan las teorías conspiracionistas, que si es una moda, si hago esto o escucho lo otro… La humanidad está despertando, está encontrando otra sensibilidad. Este despertar masivo puede ser abrumador, ya no sabemos a quién seguir o hacia dónde mirar.

Detén el ruido externo y busca tu paz. Tu proceso es solo tuyo y no hay competencias en el camino a la consciencia.

Está bien lo que esté bien para ti. Lo que te resuene, con lo que te sientas cómodo y tranquilo. Las herramientas están para ser utilizadas. No te agobies. Tienes libre albedrío para escoger desde qué lugar quieres conectar.

Nivel de consciencia: un niño de dos años dibuja a sus padres, a sus hermanos, a su mascota. En este dibujo, ningún personaje tiene forma humana. ¿Quiere decir que el dibujo no es correcto? Aunque tú no entiendas el dibujo, lo puedes intuir. El niño lo ha hecho lo mejor que ha podido, con lo que sabe acerca de cómo dibujar.

Sucede igual con nuestro nivel de consciencia: no podemos juzgarnos por los errores que cometimos con el nivel de consciencia del pasado.

Repite: «Suelto y me perdono. Lo he hecho lo mejor que he podido, no he sabido hacerlo mejor. Si hubiese sabido actuar de otra manera, lo hubiese hecho».

Ahora sabes que cada persona hace lo mejor que puede y sabe, según su nivel de consciencia y perspectiva de la vida.

Es casi imposible saber qué es lo que mueve al otro a actuar desde su perspectiva. Lo que sí puedo hacer es respetar su punto de vista y saber que está haciendo lo mejor que es capaz de hacer.

Todo sucede por una razón y esa razón está ahí para ayudarme. Nada tiene sentido, excepto el que yo le doy. Es mi percepción de la realidad la que determina mi realidad. Porque existe para ti lo que tú deseas creer y tú decides (también según tus creencias) qué es lo que está bien.

Cuando haces el trabajo de conciencia, cambia tu perspectiva.

Somos almas encarnadas viviendo una experiencia terrenal. Antes de venir aquí «firmamos un contrato», en el que decidimos con qué familia, en qué momento colectivo y con qué propósito íbamos a venir, para que nuestra alma pudiera trascender las enseñanzas necesarias en este momento y en esta encarnación.

El estar viviendo una experiencia humana está directamente ligado a ser espiritual. La espiritualidad es simpleza y radica en el respeto. Respeto primero por mí, por mi cuerpo, mis pensamientos, mis tiempos, mis procesos. Luego, respeto por los otros, mental, emocional, física y energéticamente. Respeto por la naturaleza, por todo lo que nos rodea.

Si todos buscamos ser diferentes, ¿qué es lo que nos hace diferentes?

UCDM dice: «Soy especial como todos los demás». Todos somos especiales porque provenimos de la misma inmensidad, de la energía amorosa y creadora.

No fuerces tu proceso ni lo compares con el de los demás. El nivel de consciencia no es una escalera vertical. Acepta dónde estás, con despreocupación, armonía y amor. Asume la responsabilidad de todo lo que sucede en tu vida, sin culpar a nadie, incluido tú mismo. No somos las víctimas, sino creadores de nuestra vida.

Una flor no «trata» de florecer, sencillamente florece; los delfines no «tratan» de nadar, sencillamente nadan; las estrellas no «tratan» de brillar, sencillamente brillan. Solo los humanos «tratamos» de ser, pero simplemente ya somos. Esta es una ley universal, la ley del mínimo esfuerzo. Lo que es natural que suceda simplemente sucede. La inteligencia universal funciona sin esfuerzo, con despreocupación, armonía y amor. Cuando aprovechamos esas fuerzas, creamos abundancia y fluimos alineados con el Universo.

Si todo problema es una oportunidad disfrazada, elegir ver las situaciones desde un lugar de paz me permite transformar ese momento en un beneficio mayor.

Cuando nos victimizamos, nos desalineamos del poder del flujo universal, perdemos la paz y creemos que no tenemos nada que aportar.

También nos desalineamos cuando creemos que, por hacer el trabajo de consciencia, estamos «en otro nivel». El ego espiritual cree que los niveles de consciencia se ubican verticalmente o como un pódium: «Yo estoy arriba y tú estás abajo». Esto no es espiritual; con esto creamos separación.

Entonces descubrí que el verdadero nivel de consciencia es horizontal, lineal y, si cabe, circular. En mi mente, el expandir conciencia significa ir moviéndome por dentro de las lecciones, nunca estar en una posición vertical mirando desde arriba a quienes están abajo, o estar abajo mirando a quienes están arriba. Si en algún momento del camino sintieras que estás creando separación, no te preocupes, siempre puedes volver a elegir.

¿Cómo puedes ser más proactivo y buscar soluciones?

El cambio de percepción es aceptar que el otro no ve las cosas de la misma forma que yo, y eso está bien. No me apego a mi ego, intentando que el otro vea las cosas como yo las veo.

Cuando brillas a toda luz, permites que las personas que estén cerca de ti se animen a brillar.

Compararnos con otros es fácil. Sin embargo, fuimos creados para vivir nuestra propia vida y elevar nuestro propio nivel de consciencia.

En vez de preguntarme: «¿Cómo puedo ser mejor que mi amigo?», puedo preguntarme: «¿Qué puedo hacer para ser la mejor versión de mí mismo? ¿Qué me está llamando a crecer? ¿Qué necesito aprender o recibir para poder compartir más con las personas alrededor? ¿Qué puedo hacer para traer más luz a este mundo?».

Cuando nos concentramos en ser un poco mejor de lo que éramos ayer, cada uno haciendo su propio trabajo, el esfuerzo individual visto en conjunto revela mucha luz en el mundo.

Aquí quiero compartir un texto precioso que, a día de hoy, no sé si es de Nelson Mandela o Marianne Williamson, pues a ambos se les ha atribuido su autoría. El texto es el siguiente:

«Nuestro miedo más profundo no es el de ser inadecuados. Nuestro miedo más profundo es el de ser poderosos más allá de toda medida. Es nuestra luz, no nuestra oscuridad, lo que nos asusta.

Nos preguntamos: "¿Quién soy yo para ser brillante, hermoso, talentoso, extraordinario?". Más bien, la pregunta a formular es: "¿Quién eres tú para no serlo?". Tu pequeñez no le sirve al mundo. No hay nada iluminado en disminuirse para que otra gente no se sienta insegura a tu alrededor.

Has nacido para manifestar la gloria divina que existe en tu interior. Esa gloria no está en algunos de nosotros; está en todos y cada uno. Y cuando permitimos que nuestra luz brille, inconscientemente le damos permiso a otra gente para hacer lo mismo. Al ser liberados de nuestro miedo, nuestra presencia automáticamente libera a otros».

La espiritualidad es una práctica que me conecta con el conocimiento del Ser.

Lo que vemos y sabemos es solo una gota en el océano. El ser humano, desde los tiempos más remotos, ha buscado la conexión con una fuerza superior. Las religiones, desde mi punto de vista, son la forma en la que las personas han aprendido a conectarse con esa fuerza, hacia donde dirigen su fe y su energía y donde, a su modo de ver, canalizan el amor de esa fuerza magnificente.

Las religiones serían algo positivo si unieran en vez de dividir, si hubiesen enseñado de verdad que todos somos uno, que todos somos iguales, que todos somos maravillosos y capaces y si nos hubiesen mostrado el verdadero significado de Dios sin asustar, culpabilizar o condicionar, sin exigir, sin enriquecerse y sin actuar abusando de su poder. Lo negativo de las religiones no son las religiones en sí, si no lo que el hombre ha hecho con ellas y en nombre de ellas.

La religión es un recurso externo; la espiritualidad es un recurso interno.

Jesús fue un maestro, al igual que Buda y tantos otros maestros que han venido a esta experiencia humana a enseñarnos las posibilidades que tenemos de vivir una existencia de paz y de amor.

Generalmente, somos de la religión que por educación nos toca, dada la posición geográfica en la que nacemos y vivimos, la que heredamos de nuestra familia o por nuestra sociedad.

Siempre creí en la existencia de una conexión superior. La vida te va poniendo en el camino personas con tus mismas inquietudes o situaciones similares que te hacen cuestionarte. También me he topado con libros maravillosos que han ido dando forma a la idea que tenía sobre espiritualidad.

Crecí en una familia católica, pero, con el paso del tiempo, cada vez entendía menos algunas premisas religiosas.

Conectar con una visión espiritual me hizo comprender que Dios SÍ existe; es una energía maravillosa que no tiene que estar vinculada con ninguna religión. Ponerle un nombre sería etiquetarlo y simplemente no puede ser etiquetado. Dios es para mí la máxima manifestación de amor. Es el Universo, la Luz, el Ser. Es una energía que conduce a hacer el bien, a compartir con integridad, a tratar a los demás con generosidad, a empatizar, a escuchar, a amar. Es la energía creadora de la que todos somos parte y a la que puedo acudir siempre que conecto con la luz que hay en mí.

La espiritualidad radica en el respeto; la responsabilidad de actuar con integridad, aunque nadie te esté viendo.

La espiritualidad es tuya, tiene que ver contigo y con tu nivel de conciencia. En lo que crees no determina la clase de persona que eres. Lo que haces, sí.

Ser espiritual es ser responsable (no culpable).

Yo me hago totalmente responsable de quien soy, de lo que hago y de la energía que aporto al mundo. Si hago algo que no estuvo bien, me hago responsable. Acepto que algo no salió como quería y tomo mi parte de la responsabilidad en la situación para enmendarlo.

Responsabilidad no significa culpabilidad, significa conciencia. En el momento en el que acepto y me responsabilizo, puedo o bien cambiar el resultado, o bien cambiar mi percepción acerca del resultado. Absolutamente todo lo que me sucede en mi vida es mi responsabilidad. O yo lo ejecuto, o yo lo permito.

¿Para qué una vida espiritual?

- ❖ Para ganar libertad interior, esto es, liberarme de patrones, miedos, estados negativos en los que me sumo, a veces inconscientemente, y compartir desde la libertad y el amor incondicional con los demás sin esperar nada a cambio.

- ❖ Para abrir mi corazón y permitir que entre la magia.

- ❖ Para tener dominio de lo que siento y pienso, y buscar dentro de mí lo negativo que me resuena del exterior, porque mi mundo externo es un reflejo de mi interior.

- ❖ Para no ser esclavo de las circunstancias ni desear cambiar a nadie. Si quiero ver un cambio fuera, debo cambiar yo.

- ❖ Para liberarme del karma negativo y no responsabilizar a nadie de lo que me sucede, porque soy yo quien tiene el poder de elegir siempre.

❖ Para amarme, respetarme, escuchar mi voz interior, conectarme con mi intuición; y cuando situaciones y personas no resuenan con mi vibración, saber alejarme.

❖ Para compartir con los demás siendo auténtico y respetuoso. Sin idealizar o creer que puedo salvar a los demás.

Tu ser interior es ilimitado y está conectado a un campo cuántico de infinitas posibilidades. Eres la energía del todo. Tu ser interior conoce cuál es el camino de menor resistencia entre donde estás y donde quieres estar.

En la filosofía de hacer de la espiritualidad una práctica, he tomado los siguientes mandamientos como míos. Aunque a veces mi naturaleza humana me haga reaccionar con actitudes que no están en línea con mis creencias actuales, me tomo el tiempo para respirar, apartarme, replantearme si es así como quiero vivir, y ¡volver a empezar!, porque cada día puedes volver a empezar.

MIS SIETE MANDAMIENTOS

1. No reaccionar. Sea lo que sea que hagan los otros, no reacciono de forma negativa o no reacciono en absoluto, porque haga lo que haga, aunque envíe la energía de un mal

pensamiento, esa energía volverá a mí. Entonces, no sobrepienso, no me tomo las reacciones de los demás como un ataque personal, no reacciono, no hiperanalizo.

2. Vivir sin apegos. Todo cambia, todo se mueve, nada es estático. Pensar también que un día moriré me hace querer disfrutar y crear para los demás, de nuevo, sin apegos. Cuando aceptas eso, alivianas las tensiones, aligeras las presiones y aprendes del fluir natural de la experiencia humana.

3. Abrazar la incertidumbre. No sé qué va a pasar mañana. Suelto y confío en que absolutamente todo lo que pase es lo mejor para mí y es justo lo que necesito para aprender y crecer.

4. Agradecer. Desde lo más pequeño hasta los más inmenso. Desde la hoja de un árbol hasta un atardecer. Agradecer, apreciar y amar durante todos los días. Incluso en los días grises, o mejor, aún más en los días grises.

5. No soy mis pensamientos, ni mis sentimientos, ni mis emociones, ni mucho menos mis circunstancias. No soy la ansiedad, el temor o la culpa. Soy mucho más que eso. Soy un alma que es pura luz y puro amor. Mis sentimientos, mis pensamientos, mis emociones y mis circunstancias no me definen.

6. Conciencia del momento presente. Me recuerdo constantemente a mí misma el saborear el instante presente, recorrer mis sentidos para ubicarme en lo que estoy viviendo, abrir los ojos a todas las posibilidades del presente. El futuro es incierto y el pasado ya pasó. El presente es un regalo. Disfruto que estoy viva con todo mi corazón.

7. Elijo tener certeza y fe en que siempre que lo pida, puedo conectar con esa parte mía que es infinita, esa parte que está unida con el todo. Certeza en que absolutamente todo lo que me sea dado es para mi mayor bien. El Universo siempre cumple.

De todos podemos aprender algo. Seamos humildes, escuchemos y escuchemos también lo que no se dice. No importa la edad, el sexo, la condición, el nivel de educación, la raza o la religión, de cada persona se puede aprender algo. Si de alguien aprendes algo tan simple como levantar la cabeza cuando caminas por la calle y sonreír, has aprendido una preciosa lección. Acabas de aprender que se puede ser amable, que no cuesta nada pero vale mucho aportar energía positiva al mundo. Acabas de aprender que con un gesto tan pequeño puedes alegrar el rato a alguien que quizá no ha tenido un buen día o necesitaba un gesto positivo. Todos en el mundo somos maestros. Ábrete a la posibilidad de tomar todas las lecciones con los brazos abiertos, porque por pequeñas que parezcan, pueden ser inmensamente valiosas. Y ya que el Universo nos habla siempre, podemos aprender a escucharlo y entender que todo lo que se nos presenta es para transcender.

Nada, absolutamente nada pasa por casualidad, pasa cómo y cuándo tiene que pasar. Todo es perfecto, ten la certeza de que estás en el momento y en el lugar en el que tienes que estar: emocional, física, mental, espiritual, financieramente. Todo lo que se te ha dado se te presenta para tu mayor evolución, incluidos el dolor, la ira, el miedo, la enfermedad. Si están ahí, encuentra la lección en esa situación. Quizás la lección sea aprender a compartir o darte cuenta de las personas que tienes alrededor y empezar a valorarlas mucho más, o puede ser que la lección sea que te tienes a ti mismo, siempre, que aprendas que puedes contar contigo y que el Universo está haciendo el trabajo para mantenerte protegido, o que a pesar del dolor físico tu alma, que es eterna, sigue estando intacta.

EJERCICIO
ESCRIBIENDO LAS LECCIONES

Escoge una situación que te haya marcado positiva o negativamente, y escribe las lecciones que has sacado de esa situación y que pueden elevar tu vida.

Esta es una lista simple de lecciones que aprendí con la práctica del yoga y que puedo extrapolar a las situaciones de mi vida.

- o Todo se logra con paciencia y tiempo.
- o Puedes llegar a posturas más difíciles si te hablas gentilmente.
- o La tierra me sostiene y me apoya.
- o Balance, fuerza, flexibilidad, equilibrio.
- o Conocerme, saber hasta dónde puedo llegar.
- o Conectando con mi cuerpo, conecto con la divinidad.
- o Autenticidad: ser yo sin tantas pretensiones.

- Soy un todo, un 360. Un cuerpo físico sí, pero también un cuerpo emocional, astral, mental, espiritual.
- Cualquier cambio (positivo o negativo), aunque sea pequeño, afecta el todo.
- Alejarme de las expectativas.
- Puedo hacer lo que amo.
- Ser simple.
- Escucharme.
- Moverme con gracia sobre todo ante las situaciones difíciles.
- Conciencia del momento presente.
- No existen las casualidades.
- No necesito nada más de lo que tengo para ser especial.
- No necesito validación ni la opinión de los demás para vivir mi vida.
- Haciendo lo que amo el amor llega a mí.
- Puedo crear nuevos caminos neuronales cada vez que me aventuro a algo nuevo.

Una vida amada y abundante

- o Si el cuerpo es mi vehículo, ¿por qué no utilizarlo para hacer el bien, para vibrar amor?
- o Cuando elevo mi vibración, el campo magnético-energético de los demás se eleva.
- o Conexión espiritual, centrarme en las bendiciones y agradecer.

Hay una conciencia y una conexión que es mucho más poderosa. Es nuestra conexión con nuestro más interno yo, con nuestra intuición y con nuestro mundo superior. La intuición es como un músculo: entre más la usas, más se expande. Entre más la ejercitas, más te conectas.

Te invito a escoger la situación que desees de tu vida y a escribir, cada día, dos o tres cosas que aprendes con ella.

Estás entrando en una etapa *maravillosa* de tu existencia donde puertas se abren y *oportunidades* vienen hacia ti.

Carolina Duque

CAPÍTULO 11
ERES UN IMÁN DE MILAGROS

El mantra *Ek ong kar sat gur Prasad* es un mantra mágico, nos conecta con la verdad del creador. Lo que pienses o sientas mientras recitas este mantra se verá manifestado de manera tangible. «Soy uno con la conciencia creadora. Yo soy el creador de mi realidad».

DESEO QUE FLUYAS CON LA ABUNDANCIA UNIVERSAL, LA QUE TE PERTENECE POR DERECHO DIVINO. HAZ MENOS Y ATRAE MÁS.

Por ello, te invito a enfocarte en lo positivo. ¿Qué cosas positivas ves en las personas que te rodean? Amor, tranquilidad, espontaneidad, elocuencia, amor incondicional, amistad, abnegación, curiosidad, detalle, sensibilidad, cariño, admiración, servicio, buena energía, pertenencia, inteligencia, reserva, gracia, lucha, trabajo, cariño, amabilidad, disponibilidad, ganas de salir adelante, aprendizaje, comprensión, alegría, risas, amor de madre, amor de padre, ganas de aprender, búsqueda, entrega, escucha.

Estás viviendo un plan perfectamente orquestado por una fuerza superior, un orden divino. Tienes exactamente lo que necesitas para crecer espiritualmente. Abre los brazos a la lección y tómala con amor. En cada día hay una lección maravillosa y la oportunidad de elección de trascender y hacer con lo que tenemos lo mejor que podemos.

Si mi amplitud de conciencia, mi espiritualidad, mi integridad, mi salud emocional están conectadas a la humanidad, me autoanalizo. ¿Qué estoy enviando fuera? Todos los latidos de mi corazón son una vibración que envío al Universo. Al Universo no se le miente. Si tus vibraciones son de integridad y de amor, eso es lo que vas a tener. Si tus vibraciones son de agradecimiento y abundancia, eso vas a expandir.

Cuando estamos alineados con el flujo de energía universal, reconocemos que todo lo que se presenta es para llevarnos más allá, al punto al que queremos llegar. No nos enfadamos si hay algo que no sale como queríamos, el Universo siempre cumple.

Tal vez algo no salga como yo quiero, pero tal vez eso sea lo que necesito. Si algo me frena, reconozco que desconozco cuándo será el momento adecuado y entrego el momento al Universo, para que me enseñe a ser paciente conmigo y me trace el camino.

Mi mente limitada desconoce el plan mayor que hay para mí. Todo está alineado para que yo alcance mi mayor potencial: el Universo conspira a mi favor.

CUANDO TE ENFOCAS EN LO POSITIVO, ELEVAS TU VIBRACIÓN.

♥♥♥

Para manifestar, no esperamos que las cosas pasen, nos movemos y hacemos que pasen. Está bien querer, tener intención, pero es importante poner acción a la intención. La proactividad es prepararnos para dar pasos que nos lleven a lo que queremos manifestar y coherencia para vibrar, pensar y trabajar en la misma línea. El Universo responde a nuestra coherencia, no a nuestra ambivalencia. Cuando sabemos lo que queremos, recibimos lo que merecemos.

Debemos aprender a salir de nuestra zona de confort, la incomodidad es la base necesaria para todo crecimiento. Si no estamos incómodos, probablemente no nos movemos.

Toma decisiones de acuerdo a lo que quieres ver manifestado. Todas las decisiones que tomas te llevan a aprender la lección o te llevan a un lugar mejor. Las decisiones te mueven en la vida y cuando no tomas ninguna decisión, también estás decidiendo: quedarte en el mismo lugar o permitir que otros decidan por ti.

Es importante tomar decisiones incómodas.

Y también es importante tener conversaciones incómodas. Todos los movimientos que haces te llevan a aprender o a avanzar, a tomar la lección o a un lugar mejor. O ambas.

Puedes conseguir manifestar un gran cambio en tu vida. Primero, cambiando tu percepción. Segundo, teniendo la voluntad de querer que ocurra y trabajar para que ocurra. Tercero: hacer de forma diferente lo que siempre has hecho de la misma manera.

Si tú eres el vehículo, la causa de todo efecto, lo que hagas en tu vida será como lanzar una roca al agua. Tú eres la causa: tomas la decisión o haces el movimiento (lanzas la roca al agua), tú haces que se produzca el efecto (las ondas que se expanden en el agua cuando lanzas la roca), tú haces que cosas diferentes te pasen, que tu vida que expanda, que tenga un sentido de propósito.

¿Qué has venido a hacer aquí?

¿Para qué has encarnado en esta vida?

Para dar luz, ser luz y compartir. Independientemente de cuál sea tu oficio, trabajo o lugar. Cuando compartes con amor e iluminas el mundo, estás completando el plan divino de la verdadera cuestión de para qué estás en la encarnación.

Tu única función es ser feliz.

Y yo lo resumiría aún más: tu única función es SER.

El sentido no está en buscar siempre qué hacer, cómo servir, cuándo producir. El único sentido es ser tú mismo e iluminar tu mundo con toda tu luz.

Eres un ser humano, no un «hacer humano»: no tienes que producir todo el tiempo. Solo ser feliz.

Respira profundamente y conecta con esa sensación de lo que sea que te dé felicidad y te haga sentir rebosante de abundancia. ¿Qué te da felicidad? ¿Escuchar el viento correr o ver el fuego de la chimenea encendido? ¿Caminar por el césped descalzo o dar de comer a los pajaritos?

Cierra los ojos ahora mismo aunque no estés cerca de ninguno de esos placeres sencillos y que hacen tu vida maravillosa, y reproduce la sensación que te da hacer lo que amas y sentir que las cosas van bien para ti. Reproduce ese sentimiento. ¿En qué parte del cuerpo lo sientes? ¿Son cosquillas? ¿Cambios de temperatura en tu cuerpo? ¿Ganas de reír? ¿De llorar? ¿Piel de gallina? Reproduce ese sentimiento de felicidad cuando estás simplemente SIENDO y dejándote llevar por la alegría, detállalo en tu mente, busca ese sentimiento cada vez más seguido, hazte amigo de ese sentimiento. Ahí está la clave.

Oscar Wilde decía:

Los placeres sencillos son el último refugio de los hombres complicados.

Estamos buscando placeres caros, extravagantes, extraños. Estamos buscando placer en el hacer y en el tener.

El placer de ser, de las pequeñas cosas, es la energía que te conecta con la abundancia universal.

La belleza de las cosas simples.

La belleza del olor a café, del susurro del viento, de una mano amiga, la belleza del césped verde, la belleza de un grafiti en la calle o de la textura del agua en tu boca… Estamos rodeados de belleza, de motivos y situaciones que nos conectan con la magnificencia. Estamos rodeados de la simpleza de lo inmenso.

Que estés aquí dispuesto a vivir, a reconocerte, a seguir creciendo independientemente de lo que haya pasado, a seguir cultivando tus sueños, a seguir conectando, eso es belleza y está en todas partes.

La belleza aclara la mente. La belleza es un llamado a despertar.

Es tan bonito vivir, llorar de felicidad, sentir esa alegría que emerge de las entrañas. Reír con emoción, no esconderse, ser espontáneo, sentir. Es parte de la experiencia humana.

Somos la más bonita expresión del amor. ¡Qué bonito sentirme y escucharme!

Somos energía y luz.

¡Qué bonito ver y ser! ¡Qué bonito saber que todos venimos de la misma luz, que somos parte de un todo! Lo que haces a otro te lo haces a ti mismo porque todos somos UNO.

¡Qué bonito!, porque si sé que tú y yo somos uno, no voy a hacer nada que pueda dañarte. Actuaré desde mi fuente de amor, transparencia y bondad. Hagamos el bien, sembremos semillas de amor, compasión, positividad, cariño, respeto, alegría, servicio. Todos somos uno y allí de donde venimos, volveremos.

Sé siempre amable, primero contigo mismo. Luego, sé amable con los demás. Brindarle una sonrisa a un desconocido puede aportarle mucha luz en el momento de la vida en el que se encuentre. Sé receptivo y sé alquimista: transforma lo que nos dan los demás en conceptos positivos. No tomemos las actuaciones de los demás como un ataque. Pensemos que el otro puede estar actuando desde un lugar de carencia, necesidad de atención, de cuidado o de amor. El otro está atravesando su propio proceso y es nuestro deber respetarlo y estar pendientes y ser responsables de nuestro proceso.

Somos luz, información y energía. Pon un segundo tu mano en tu pecho, cierra los ojos y siente el latido de tu corazón. ¡Estás vivo! Hay un motivo por el que la fuerza de la vida vibra a través de ti, de tu respiración y de los latidos de tu corazón. Estás aquí hoy y eso es simplemente maravilloso.

Eres un alma encarnada en un cuerpo y que está viviendo una experiencia humana. Tienes una vida y estás aquí para experimentarla, disfrutarla, vivirla. ¿Quieres vivir en el miedo, la desconfianza y la incertidumbre? ¿O prefieres vivir en plenitud, felicidad y amor?

Con cada palabra, cada acto, cada paso que das, tú decides si tiemblas o vibras.

Una noche, un hombre que regresaba a su casa encontró a un vecino debajo de una farola buscando algo afanosamente.

—¿Qué te ocurre? —preguntó el recién llegado.

—He perdido mi llave y no puedo entrar en casa —contestó este.

—Yo te ayudaré a buscarla.

Al cabo de un rato de buscar ambos concienzudamente por los alrededores de la farola, el buen vecino preguntó:

—¿Estás seguro de haber perdido la llave aquí?

—No, perdí la llave allá —contestó el aludido señalando hacia un oscuro rincón de la calle.

—Entonces, ¿qué haces buscándola debajo de esta farola?

—Es que aquí hay más luz.

En ocasiones nos sentimos mal, tristes, cansados, en desasosiego y queremos cambiar algo exterior para cambiar la situación interior, mudarnos, comprar ropa o cosas. Generalmente, estas técnicas no funcionan. No busques fuera.

La plenitud, la tranquilidad, el gozo y el amor están dentro de ti.

Todo lo que deseas ya está en ti. Eres completo y no necesitas a nadie que te complemente para ser feliz. Tienes todas las respuestas y tienes todo lo que necesitas aquí y ahora. Pide luz, pide guía, pregunta al Universo si estás en el camino correcto, no sientas temor ni culpa de pedir más y vibrar en abundancia. Tu alma es infinita y por derecho divino te corresponde tenerlo todo. El Universo quiere que lo tengas todo, no esto o lo otro, TODO. Créetelo, abre las puertas de tu vida a la riqueza infinita del Universo.

Eres parte de un todo maravilloso y eterno que no carece de nada, eres fuerte, eres suficiente. La abundancia es tu estado natural. Conecta con tu abundancia y busca dentro lo que necesitas, porque mereces todo lo bueno del Universo.

Tener visión y no accionar por esa visión es incongruente. Vibremos en coherencia.

Para manifestar en lo que queremos en nuestra vida, es fundamental estar alineados con lo que pensamos, hacemos, sentimos y decimos. Nuestros pensamientos deben ser coherentes con nuestros actos y nuestros sentimientos con nuestras palabras. Si pensamos algo pero hacemos exactamente lo contrario, estamos vibrando ambivalencia y falta de coherencia. ¿Cómo crees que puede responderte el Universo si los mensajes que le estás enviando salen de ti de una forma confusa?

De UCDM: «El Universo dice: "No necesitas hacer milagros ni conseguir que las cosas ocurran. Basta que te alinees con tu verdadera naturaleza amorosa y permitas que tus ojos vean lo que desean"».

EJERCICIO
SER PROACTIVO POR LO QUE DESEAS

Primero: toma lápiz y papel, y escribe cinco metas que quieras ver manifestadas en tu vida.

Segundo: al lado de cada cosa escribe un cambio que puedas empezar a hacer ya y que te pueda acercar a ver el sueño manifestado.

Tercero: toma acción con pequeños pasos en dirección a lo que quieres ver manifestado.

Por ejemplo:

Meta	Cambio	Acción
Amarme, cuidarme, apoyarme y ser más compasiva conmigo misma.	Cuidar mis elecciones y lo que permito en mi vida.	Beber dos litros de agua al día, dormir ocho horas, limitar el uso de las redes sociales antes de dormir.

Meta	Cambio	Acción
Tener vivienda propia.	Ahorrar 150 dólares al mes durante X tiempo para el pago inicial de la vivienda.	Ir este mes a mi banco para que me active un PIAS (Plan individual de ahorro sistemático) y empezar a ahorrar desde ya.

¿Parece fácil, no? Empieza hoy a hacer los cambios que debes hacer y manifestarás en tu realidad todo lo que deseas ver. Desea en grande. No te beneficias ni ayudas a nadie jugando pequeño. Visualiza y piensa en grande, porque lo mereces todo. Si al emprender algo no sientes temor y un cosquilleo, estás jugando en pequeño.

UCDM, en su lección 158, nos dice: «Hoy aprendo a dar como recibo. Si hemos sido creados como un acto de extensión de amor infinito de la fuente, es amor todo lo que somos. Cada comportamiento, cada acción, cada gesto, son el resultado de nuestros pensamientos. Nosotros somos el origen, la causa y nuestro mundo es el efecto».

Dar y recibir son inseparables, el sembrar y el cosechar son inseparables. Nuestros pensamientos son semillas que contienen energía y, por lo tanto, dan sus frutos. Lo que damos desde el amor y la integridad lo recibiremos multiplicado.

Cuando vibramos merecimiento, cosechamos abundancia.

La abundancia nace de reconocer lo afortunados y bendecidos que somos. La abundancia es un estado interno. Hay personas con mucho dinero que son infelices y personas que tienen lo justo y son tremendamente abundantes. Porque el sentimiento de abundancia no está en lo que más tienes, sino en cómo te sientes, al contrario de lo que muchas personas piensan. Yo, al principio, pensaba que la abundancia era tener muchas cosas. Luego me fui dando cuenta de que la abundancia es mi estado natural: cuando acepto que soy abundante naturalmente, nada me falta porque mi fuente es ilimitada.

La prosperidad, el éxito y la abundancia son energías. En el Universo todo es energía y atraemos aquello que se alinee con nuestra propia vibración. Para atraer la abundancia, debemos trabajar primero en nuestras creencias limitantes.

La abundancia vibra alto. Para vibrar en un estado abundante, debemos aprender a vibrar alto.

Has nacido para prosperar, la abundancia es tu estado natural y tu derecho divino. Porque procedes de un Universo divino e ilimitadamente abundante.

La carencia no es tu estado natural. Tu estado natural es el gozo, no el sufrimiento. El bienestar y la abundancia te corresponden por nacimiento. A medida que vamos cambiando nuestra actitud mental, vibramos más alto y nos alineamos con la abundancia. Entonces, empezamos a aceptar todo lo que el Universo nos ofrece.

Traslada tu energía a ver lo que es abundante en tu vida, y agradece las cosas sencillas que hacen que tu existencia sea abundante. Cierra los ojos, imagina los millones de millones de microprocesos que están sucediendo en tu cuerpo, imagina los millones de células que están trabajando para que tú puedas estar aquí, imagina un bosque con millones y millones de árboles, imagina un cielo lleno de nubes, imagina un césped verde lleno de grama, imagina un mar lleno de peces…

La abundancia es natural; está en todas partes.

Vamos a centrarnos en lo que somos abundantes y el Universo nos responderá, como acción natural, con más abundancia.

La abundancia se crea desde dentro, practicando la generosidad genuina, la que tenemos en nuestro espíritu; ese sentimiento de estar bendecidos con suficientes cosas buenas y ser felices de bendecir a los demás con nuestra propia riqueza interna.

¿Cómo podemos bendecir a los demás? Pues, dando atención, escucha, servicio, sabiduría, tiempo. Podemos ayudar a los demás de muchas formas que no tienen que ver con dinero y, así, sentirnos abundantes:

- ❖ Practica la generosidad genuinamente, al dar algo a otros: tu tiempo, tu atención, tu energía.
- ❖ Agradece cuando pagues por tener la capacidad de pagarlo. Pon en práctica el mantra:

Gracias, Universo, por la energía de la prosperidad en mi vida. Este dinero me será devuelto multiplicado.

- ❖ No pagues con temor. En vez de eso repite: «Mi fuente es ilimitada».
- ❖ Aléjate de la queja. La victimización es energía de baja vibración.
- ❖ Invierte en ti. No sientas remordimientos cuando se trate de ti.

❖ Aprende a recibir. Permite que se te provea, que te hagan favores, ábrete a recibir.

❖ Agradece cuando pagues para conectar con energía de alta vibración; y agradece cuando recibas, para aumentar tu certeza de merecimiento.

❖ No hagas peticiones al Universo desde un lugar de carencia. En lugar de eso, agradece como si ya lo tuvieras.

❖ Concéntrate en la prosperidad.

¿Cuáles son tus creencias limitantes acerca de la prosperidad y la abundancia en tu vida?

Puede ser que te sientas identificado con algunas de estas creencias:

- Es muy difícil hacer dinero.
- No merezco ser abundante.
- Hay que trabajar duro para ser abundante.
- Los ricos son malas personas.
- El dinero no trae felicidad.
- El dinero es sucio.

- Y muchas otras más.

Esas creencias a veces son abiertas y otras, ocultas. Espiritualmente, estos pensamientos son erróneos. Si no sabías hasta ahora que tenías creencias limitantes acerca de la abundancia, no te preocupes, siempre puedes volver a elegir ver esta situación desde un lugar de luz.

El dinero es la energía de la abundancia en el mundo material y puedes manifestar tanto dinero en tu vida como lo desees. Sin el dinero, no hay prosperidad, ni riqueza, ni abundancia. Tu fuente es ilimitada y te provee respondiendo de acuerdo a tus pensamientos.

Tu mente atraerá lo que tú imagines. Tienes el derecho divino de vivir una vida abundante en todos los sentidos.

AFIRMACIONES

- ❖ Soy la persona más abundante del Universo.
- ❖ El dinero fluye diariamente a mi vida.
- ❖ Mi mundo lo contiene todo y todo está cubierto.
- ❖ El dinero es mi amigo.
- ❖ El dinero viene rápido y con facilidad.

- Mis ingresos aumentan constantemente, en armonía para todo el mundo y de acuerdo a la voluntad divina. Gracias, gracias, gracias.
- Soy abundante en todas las áreas de mi vida.
- Merezco prosperar.
- Mi fuente es ilimitada.
- Gracias, Universo, por proveerme de todo lo bueno.
- Tengo el poder de crear la vida que deseo.

Puede que, al principio, no te creas las afirmaciones e, incluso, no te sientas cómodo. Repítelas, escríbelas, póntelas en un espejo o donde puedas verlas y empezarás a crear una nueva neuroasociación más sana acerca de la abundancia.

Encuentra las afirmaciones que más resuenen contigo; las que más necesitas son las que al principio se sienten más incómodas de decir, porque son las que nos están cambiando nuestras creencias limitantes.

La abundancia universal es la capacidad que tenemos de ser uno con el todo. Es el hecho natural indiscutible de que todo es energía y que el flujo de esa energía es ilimitado.

En el campo cuántico de las infinitas posibilidades —o la fuente—, existe suficiente para todos. Tu fuente es ilimitada.

La abundancia es tu derecho de nacimiento y está esperando a que tú aceptes este hecho para proveerte de manera ilimitada.

Si te limitan tus creencias, puedes reprogramarte. En tu interior está la clave.

Tú no eres la idea de carencia de tu familia.

No eres lo que te dijeron acerca de que si tienes dinero, algo malo va a pasar.

No eres los problemas de pobreza o delincuencia de tu barrio.

No eres la creencia de tus abuelos de que el dinero es sucio. Ni lo que te enseñaron acerca de que los ricos son malos.

Esos pensamientos son la barrera que está limitando el flujo de la verdadera abundancia en tu vida.

Tú eres abundancia.

Repite:

Soy suficiente, abundante y completo.

Puedo trabajar en lo que me hace feliz y ganar dinero con ello.

El dinero proviene de la sustancia divina de toda abundancia, lo acepto y lo agradezco.

Merezco vivir una vida plena.

Soy libre de vivir mis experiencias y de crear mi realidad.

Estoy conectado con mi propósito.

Con más dinero, puedo ayudar más.

Acepto que me pasen cosas buenas.

Soy saludable y feliz.

Crea tus propias afirmaciones con las que puedas reprogramar tus creencias limitantes y sé paciente si en cualquier situación de tu vida vuelven a saltar las viejas ideas o creencias acerca de la carencia. Entiende que han estado en tu subconsciente por años. Trátate con la paciencia y con el amor con el que tratarías a un niño pequeño, y date cuenta de que estás aprendiendo, que tu compromiso es contigo mismo y que una vez limpies todas las ideas que te están limitando, la abundancia vendrá a ti porque es tu derecho divino.

Una vez más, vibra en coherencia. Cuando repitas las afirmaciones empoderadoras, siéntelas en tu corazón como si se trataran de una realidad en tu vida.

El Universo está escuchando los latidos de tu corazón.

Ámate incondicionalmente y vuelve a la sensación de felicidad que has practicado; vibra con todas tus células esa energía de felicidad de cuando las cosas te salen bien.

Agradece como si ya lo tuvieras, porque, en el campo cuántico de infinitas posibilidades, todo lo que deseas ya está esperando por ti, esperando a que abras las puertas de tu vida para dar entrada a todo lo que quiere entregarte.

Somos información, energía y materia. Tenemos un campo electromagnético que vibra de acuerdo a lo que vivimos, experimentamos y consumimos. La música que escuchamos protege o agrieta nuestro campo energético, estar mucho tiempo al ordenador o expuestos a las señales del móvil desgasta nuestra energía, los ruidos externos, estados molestos propios. Aquí es importante señalar que no hay nada en el mundo tan potente y que pueda hacernos más daño que nuestros propios pensamientos.

La ley espiritual de la intención y el deseo nos enseña a hacernos conscientes de cómo desear y cómo obtener. Deseamos en el presente, ponemos la intención en el futuro y nos desapegamos del resultado.

Si aprendemos a aprovechar el poder de nuestra intención, podremos crear cualquier cosa que deseemos.

La vibración que creamos al poner fuera nuestras intenciones crea la manifestación. Esto explica por qué, cuando entramos en un vórtice negativo, afuera se ven reflejadas cosas que no nos gustan o atraemos cosas que no queremos.

EJERCICIO
VIVE CON INTENCIÓN

Para aceptarte y amarte más, siendo consciente del progreso que sucede en tu vida, es bueno que tengas al menos un propósito. Si tu intención es vivir una vida significativa y saludable, debes tomar las decisiones que apoyan esta intención. Esto te permitirá estar bien contigo mismo cuando tengas éxito en tu objetivo. Descubrirás que puedes quererte mucho más si ves cómo logras lo que te propusiste hacer. Para ello, es necesario establecer tus intenciones de vida.

Las intenciones no son solo deseos, las intenciones se trabajan.

Escribe tres intenciones que quieras llevar a cabo en el próximo mes para revelar tu luz. Al lado de cada intención escribe tres pasos que darás para llevar a cabo tus intenciones.

Ponlas en un lugar visible durante los próximos veintiún días.

Mira la lista con tus intenciones antes de dormir por la noche y al despertar por la mañana.

Practica en este momento la consciencia del instante presente.

Suelta el control de cómo deben de suceder las cosas. El plan que el Universo tiene para ti es correcto y perfecto. No olvides que el Universo siempre cumple.

Eres el canal a través del cual se refleja la luz de tu interior en el mundo.

Menos idealizar, más realizar. ¿Cuántos sueños tienes en tu cabeza que sabes que si hubieras trabajado un poco en ellos habrían sido una completa realidad? ¿Alguna vez se te ha ocurrido hacer algo y luego alguien lo ha hecho antes que tú?

Las intenciones sin acciones son castillos en el aire.

Es maravilloso tener muchas intenciones, muchas ideas, ganas de cambiar cosas en el mundo material, ilusiones y proyectos por realizar. También está claro que donde pones tu energía, el Universo te ayuda para que ahí vaya la manifestación, pero la vibración Universal necesita de tu acción.

Puedes manifestar absolutamente todo lo que tengas en tus intenciones, pero debes ser proactivo dando los pasos necesarios para despejar el camino energético para que lo que quieres llegue hacia ti.

Tus sueños necesitan de tu energía para salir a la vida.

Tienes el derecho divino de manifestar todos los deseos de tu corazón y vivir una vida amada y abundante ahora.

Gracias, gracias, gracias.

Una vida amada y abundante

MANDAMIENTOS PERSONALES

1. NO EXISTEN OTROS. Me relaciono conmigo misma a través de mis espejos que son los otros. Todos somos uno.

2. DAR Y RECIBIR SON LO MISMO. Lo que pongo fuera es lo que recibo de vuelta. La energía no miente.

3. PUEDO ELEGIR VER LAS SITUACIONES DE OTRA MANERA. Siempre puedo elegir alinearme con la energía amorosa y decidir vivir en la luz.

4. ME DESAPEGO DEL RESULTADO. Hago lo que puedo para llegar a donde quiero desde la integridad. El Universo me devuelve lo que es correcto para mí. Los tiempos en los que funciona la vida son perfectos.

5. ACTÚO CON INTEGRIDAD. Nunca sé cómo impacto a los otros. Hago siempre lo mejor que puedo.

Una nueva ola de ***abundancia*** mental, física, espiritual y emocional está entrando a tu *vida*.

Carolina Duque

Carolina Duque

En mayo de 2019, pasado un año de mi primer retiro espiritual, asistí a otro retiro en el mismo centro budista. Un año de subidas y bajadas, un año de completa transformación, un año total metamorfosis en cuanto a la forma de amar y amarme, de lo que consideraba estabilidad, cambios en mis grupos de amigos, cambio de vivienda, de trabajo, situaciones de salud… Hoy puedo decir agradecida y feliz que entiendo el porqué de todo lo que sucedió, que todo tuvo que ser así para mi mayor bien. *Una vida amada y abundante* es fruto de mi agradecimiento.

No dudes de que si algo pasa en tu vida, por doloroso que sea, aunque en el momento no lo entiendas, está ahí para ti, para liberarte de condiciones que tú te has puesto, para que aprendas a poner límites, para que crezcas, trasciendas y seas feliz.

¿Te gustaría que te ayudara a sanar tu relación con el dinero y conseguir más abundancia?

¿Quisieras aprender a ser la persona que has venido a ser?

Te acompaño a que hagas realidad tus sueños con sesiones personalizadas de *coaching*.

Escríbeme; estaré encantada de ayudarte.

Contacto:

Web:	www.soycarolinaduque.com
Telegram:	t.me/carolinaduquemdl
YouTube:	Carolina Duque
Instagram:	@soy.carolinaduque
Spotify:	Manantial de luna

Printed in Great Britain
by Amazon